# 聽見問題：聽覺損傷兒童父母常見的問題與解答

主編：管美玲

作者：邱文貞、張憶萍、管美玲

目　錄

# 主編簡介

## 管美玲

　　現任財團法人中華民國婦聯聽障文教基金會總幹事、財團法人振興醫院聽覺醫學中心顧問、財團法人黃俊生人工電子耳基金會董事，曾任臺北榮總耳鼻喉部聽力師、國立高雄師範大學聽語所兼任助理教授。耕耘臺灣幼兒聽力與聽損早療領域超過 35 年。

　　1988 年，臺北榮總耳鼻喉部派送管美玲赴美於北科羅拉多大學溝通障礙所，進修幼兒聽力學及早期介入，回國後推動新生兒聽力篩檢並為婦聯會規劃了一套零至三歲聽損兒童早療課程，對日後臺灣聽損療育由四歲向下延伸至零歲產生了巨大的影響。為使聽損療育的腳步跟得上科技進步的速度，近年來致力於聽損兒童智慧整合聽語教學之研究，同時為提升臺灣聽損醫療品質，更規劃成立振興醫院聽覺醫學中心及附設顳骨實驗室，首開醫療與教育跨領域整合之先例，因而獲得臺灣早療棕櫚獎。

作者簡介

## 邱文貞

學歷：澳洲麥覺里大學（Macquarie University）臨床聽力學碩士

現職：財團法人中華民國婦聯聽障文教基金會台北至德聽語中心聽力組管理長

## 張憶萍

學歷：美國印第安那大學臨床聽力學博士

現職：財團法人中華民國婦聯聽障文教基金會台中至德聽語中心主任兼聽力師

曾任：財團法人中華民國婦聯聽障文教基金會聽語教師

## 管美玲

同主編簡介

「陳主任，為什麼你說我的寶寶核磁共振掃瞄的結果是耳蝸正常、聽神經正常，適合做人工耳蝸呢？」「既然耳蝸正常、聽神經正常，不是就應該聽得見了嗎？怎麼是適合要做人工耳蝸呢？」許多的家長帶著寶寶來醫院就診時，我們可以輕易地從家長臉上的表情知道，每個家長的肚子裡裝滿了各式各樣的疑問。「核磁共振掃瞄的結果，告訴我們耳蝸及聽神經正常，意味著寶寶是因為毛細胞的問題，造成聽力損失。人工耳蝸正好可以替代毛細胞，可以讓寶寶重拾聽力。」「可是我查網路，有人說……」「陳主任，我的長輩建議我再等等，因為……」……

聽覺是一個奇妙的系統，它是由聽力及知覺兩個系統整合而成。從聽到聲音、聽清楚、聽懂，到說清楚，更進一步到講得流利，每個層次都有很多不同的機轉；這些機轉層層相扣，複雜難懂。《聽見問題：聽覺損傷兒童父母常見的問題與解答》是婦聯聽力團隊基於 25 年從事聽損教育的豐富經驗，蒐集 250 個聽損兒父母最常問的問題，用簡單易懂的問答方式，深入淺出，不僅可以幫助聽篩及早療等醫療團隊成員了解聽覺系統的種種問題，以便對聽損兒父母提供正確的諮商，更可以讓有心學習的家長，了解寶寶的問題所在，解決許多的困惑。

雖然科學的進步一日千里，說法不斷地更新，但「網路上說……」「長輩認為……」經常造成誤導，進而可能延誤治療的時機。本書的內容都是經過再三確認，所傳遞的訊息都是當今公認的知識及觀念。身為人工耳蝸的專家，讀了管老師寄來的初稿，也覺得受益匪淺。這本書的出版，將是聽損治療上的一大福音！

臺灣百大名醫　陳光超主任

　　兒童聽損是相當常見且重要的臨床問題，而兒童聽損的處理，「早期診斷」及「早期處理」至為關鍵。於「早期診斷」方面，幸賴國內多位耳鼻喉科前輩的積極奔走，以及國民健康署的大力支持，我國目前已達歐美先進國家的水準，大抵落實了「全面性新生兒聽力篩檢」，故大多數聽損兒童皆能於六個月大之前接受療育，使其語言發展能與正常兒童相仿。而婦聯聽障文教基金會則於兒童聽損的「早期處理」方面扮演重要角色，多年來不僅引進各種聽損教學方法，亦積極培養專業教師人才，為臺灣聽損領域紮下厚實的根基，並帶領臺灣聽損早期療育品質與歐美並駕齊驅。

　　基於在兒童聽損早期療育的豐富經驗，婦聯聽障文教基金會同仁蒐集、整理家長常問的問題，並用淺顯易懂的方式說明，以幫助第一線醫療或聽語復健人員進行諮商。相信在正確清楚的說明下，必能減少聽損兒童父母不安的心情，及早接受早期療育，並使聽損兒童得到最佳治療效果。

　　本人從事聽損兒童之醫療多年，與婦聯聽障文教基金會多位老師保持密切互動，常感佩於彼等投入聽損早期療育之熱忱與奉獻。欣聞婦聯聽障文教基金會同仁有意整理其豐富的早期療育經驗並付梓，以嘉惠更多臨床從業人員與聽損家庭，乃欣然為之序。

臺大醫院耳鼻喉部　吳振吉醫師

## 主編序

　　聽力學的興起是在第二次世界大戰後，1952 年美國聽力語言學會建立聽力專業證照制度，才正式昭告世人：聽力學是一個專業的領域，聽力師是這個領域無可取代的專業人。發展超過半世紀的聽力科學，不論是聽覺生理、病理、治療、復健或是相關的助聽輔具，都有極大的精進，甚至在名稱上：「聽覺損傷」、「聽力損失」、「聽覺障礙」，都界定清楚不容混淆。這意味著聽覺問題不能再以「聽不到聲音」如此簡單的思維來概括了。

　　2012 年臺灣推動全面性新生兒聽力篩檢，在三早（早期發現、早期確診、早期介入）指標的檢視下，只有「早期發現」達標，而「確診」和「介入」離早期的指標仍有一段努力的路要走。當父母獲知篩檢未通過時，可能會有震驚、否認、憤怒等心理變化，如何幫助父母縮短這段心路歷程的時間，開始積極尋求專業協助、及早確診和後續的早期療育，第一線服務人員的諮商是個關鍵。筆者從事聽損早療工作超過 35 年，1990 年執行國科會新生兒聽力篩檢的研究時，便發現父母的驚慌多是因為對聽覺問題毫無知悉或認知錯誤。而在婦聯聽障文教基金會逾 20 年的聽損早療工作服務上千個家庭，也看到聽損知識不足、聽損資訊錯誤對父母的心理、決定、態度、觀念所產生的負面影響。基於實際的需求，基金會蒐集了 250 個聽損兒父母常問的問題，用深入淺出的方式陳述，幫助護理人員、社工、個管員、語言治療師、資淺聽力師等聽篩團隊或早療團隊成員了解聽覺系統的諸多問題，在對聽損兒父母諮商時，能提供明確的說明，幫助疑惑的父母儘快踏出療育的第一步。

本書雖是本會長期聽損諮商服務的整理，但聽力科學不斷有新的研究和發現，連帶著醫療、輔具、療育等領域也有新的觀點，因此文貞和憶萍在落筆時仍不斷查詢資料，以確定是最新或普遍的共識。原以為文字內容是最艱苦的工作，殊不知初稿後的討論才是苦難的開始。因為此書的主要對象是非聽損領域的聽篩和早療相關人員及家長，專業的概念如用口語說明、舉例，加上可立即回應聽者的提問，比較容易讓人明白，但是如何用言簡意賅的文字呈現問題的核心意涵且讓人看懂，著實讓我們三個專業人的觀點徘徊在十字路口，各有各的方向。然而，「用心」是我們的共同態度，所以問題終能迎刃而解。

　　本書的出版首先要感謝聽損兒的父母，因著他們不斷地提問和回饋，讓我們得以檢視聽力學專業是否與時俱進、諮商技能是否足以解惑，也才能將此心得分享給需要的人。其次要感謝文貞管理長和憶萍主任在繁忙的聽力工作之外，還要蒐集資料努力筆耕，若非對聽損家庭、早期療育有份深切的使命感，是很難做到的。

　　此外，陳小娟教授在聽覺生理和中樞聽覺處理異常的議題上，給了我們許多建議和指正；鍾玉梅老師在構音問題的指導；陳光超主任和吳振吉醫師在公忙之餘，還為我們寫推薦序；心理出版社林總編輯對書名的建議，都讓我們感激在心。最後，最要感謝的是婦聯聽障文教基金會的辜嚴倬雲董事長，她不僅開啟了臺灣聽損早療的新紀元，還在當初聽力專業不足的年代，睿智地送文貞和憶萍出國攻讀聽力學碩、博士，建立了基金會嚴謹的聽力學管理系統、專業而令家長滿意的諮商服務，才能成就本書的出版。

　　我們衷心希望這本書能幫助更多聽損家庭和對聽損領域有興趣的早療相關人員，基金會聽力團隊雖竭盡所能使本書能完美無缺，但不免學有不精，疏漏之處還祈先進專家不吝指正。

管美玲　2016.11.15

　　基金會聽力團隊在整理聽損兒童家長所提的問題時，一直思考著要用何種方式編輯最能幫助家長釐清疑惑，同時也能幫助聽損早療團隊成員了解複雜的聽覺系統，並掌握諮商時家長可能會關切的問題。如果用長篇大論的方式陳述，家長和早療相關成員要在論述中理解並找到答案恐屬不易，最後決定用問答的方式直接切題回答，並以九個議題共 250 個提問，盡可能地將聽覺系統的面貌完整呈現。九個議題分別是：認識聲音、聽覺生理、聽覺系統發育、聽力損失成因、聽損類型、聽覺功能評估、聽覺輔具、創造良好的傾聽環境、聽覺復健。為了讓讀者能很快地找到想了解的問題，在目錄中我們以次標的方式方便讀者搜尋。

　　書寫時的用詞，考量到聽覺問題的複雜，而且行為表現有其多樣性，回答問題有時無法有針對性。因此，除了國家法令、證明或參考資料原作者已固定用「聽障」、「障礙」一詞外，本書使用「聽損」一詞涵蓋所有聽覺問題。書中的提問都是聽損兒童的家長在孩子不同年齡階段遇到的不同問題，我國「兒童及少年福利與權益保障法」定義兒童為未滿 12 歲之人，所以本書以「聽損兒／幼兒」指稱年齡較小者，以「聽損兒童」泛指年齡較大者。使用「聽覺復健」而不是「聽覺創健」之詞，實是考量目前醫療院所的習慣用法和一般大眾的認知。用詞不周之處，還望學者專家海涵指正。

# 《認識聲音》

**Q1** 聲音是怎麼產生的？

**A** 聲音的產生要素有三項：(1) 力；(2) 音源；(3) 介質。我們用敲三角鐵（如圖 1）和說話來說明。手持鐵棒施「力」敲擊三角鐵這個「音源」，再藉由空氣這個「介質」將聲音傳送出去。說話也是一樣，肺部用「力」產生氣流使聲帶這個「音源」產生振動後，再藉由空氣這個「介質」將說話聲傳送出去。

圖 1：聲音產生示意圖。

**Q2** 我們的耳朵能聽到的聲音音量範圍為何？

**A** 聲音的音量大小常用分貝（dB）這個單位來表示，分貝數越大代表聲音越大聲。正常人耳接收的音量範圍為 0 分貝至 120 分貝，一般對話的音量約介於 30 分貝至 60 分貝之間。

**Q3** 我們的耳朵能聽到的聲音頻率範圍為何？

 聲音的頻率單位為赫茲（Hz），頻率越高赫茲數字越大。正常人耳能察覺到的聲音頻率範圍為 20 至 2 萬赫茲。聲音的頻率與聲音聽起來的高低有關；一般而言，聽起來尖銳的聲音頻率比較高，低沉的聲音頻率比較低。

**Q4** 0 分貝就代表沒有聲音嗎？

 0 分貝仍然有能量的存在，只是有些人察覺不到。分貝是利用比率的關係所得出的對數單位，計算的方法是將某聲音的能量值與基準能量值比較，當兩個數值相等時就定義為 0 分貝。我們在聽力圖上的 0 分貝所使用的基準能量值，是大多數聽力正常耳朵所能察覺到的最小聲音能量值[1]。

**Q5** 語音為什麼聽起來有高低之分？

當我們說話時（例如：發「ㄚ」和「ㄩ」這兩個音），舌頭、嘴唇、口腔等構音器官會改變擺放位置和形狀（如圖 2），這些改變會造成聲音能量集中在某些頻率範圍：若是高頻範圍的能量較多，這個聲音

---

1 分貝（decibel, dB）是以教育聽損兒童的老師、也是電話的發明者亞力山大·葛翰·貝爾為名。Q4 中提到分貝是比率的關係，因此可以作為比較的基準能量值不同，就會有不同的單位表示法。聽力學常見的分貝單位有兩種：(1) dB SPL；(2) dB HL。

(1) dB SPL（Sound Pressure Level）使用的基準能量值是在空氣中產生可被察覺的最小聲音壓力（$0.0002 \, dyne/cm^2$）。當空氣中的聲壓與基準能量值相等時，我們可以利用計算公式得到以下結果：

$$10 \times 2 \times \log\,(0.0002/0.0002) = 10 \times 2 \times 0 = 0 \, dB \, SPL$$

若空氣中聲源產生的壓力變大為 $0.002 \, dyne/cm^2$ 時，我們可以得到以下結果：

$$10 \times 2 \times \log\,(0.002/0.0002) = 10 \times 2 \times 1 = 20 \, dB \, SPL$$

(2) dB HL（Hearing Level）使用的基準能量值是平均正常耳所能察覺的最小聲壓值。因為人耳對不同頻率聲音的察覺能力不同，所以各頻率的 0 dB HL 的最小聲壓值是不一樣的。

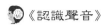

聽起來就比較尖銳（例如：「ㄙ」），若是低頻範圍的能量較多，聲音聽起來就比較低沉（例如：「ㄨ」）（如圖3）。

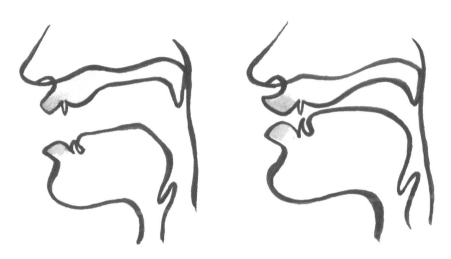

圖2：構音器官位置圖。左圖為「ㄚ」，右圖為「ㄩ」。

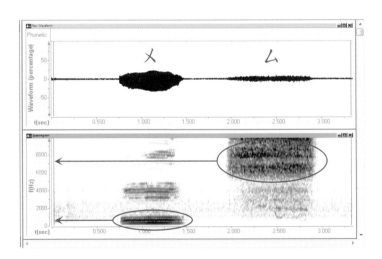

圖3：「ㄨ」和「ㄙ」的聲波圖（上）與頻譜圖（下），圖左為「ㄨ」，圖右為「ㄙ」。頻譜圖的縱軸代表頻率，顏色濃淡代表能量集中程度（圓圈處顏色較濃，屬能量較集中的區域），由標示處可看出「ㄨ」的能量多集中於低頻率，「ㄙ」的能量多集中於高頻率。

## Q6 純音是什麼？

純音指的是單一頻率的聲音。在日常生活中幾乎不會有純音的出現，通常只會在聽力檢查時聽到純音。各種環境音及說話的語音都是包含了多個頻率的複合音，即使鋼琴的單鍵音也是經過共鳴後產生的複合音。前面提到的語音「ㄨ」，其實也包含了中高頻率的聲音，只是影響聽知覺的主要能量聚集在低頻率，因此我們多以低頻語音來形容「ㄨ」。

# 《聽覺生理》

**Q7** **聽覺系統包含哪些部份？**

從外觀看起來，聽覺系統好像就是兩隻耳朵，加上裡面的耳道，但是聽覺系統其實是一條從耳朵一直延伸到大腦皮質的長長路徑（如圖4）。這條路徑可依位置分為兩大部份：周邊聽覺系統和中樞聽覺系統。腦幹以下屬周邊聽覺系統，它可再細分為外耳、中耳、內耳以及聽神經；腦幹以上則屬中樞聽覺系統的部份。每一個部份都參與處理聲音的工作，對聲音品質的貢獻也不同。

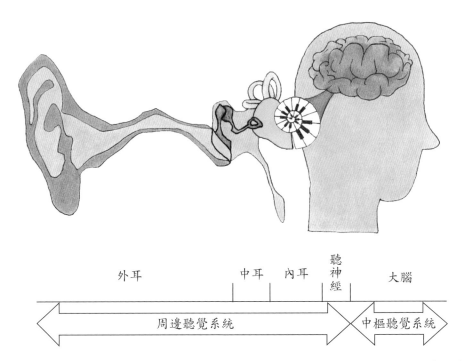

圖4：聽覺系統構造圖。外耳、中耳、內耳及聽神經屬周邊聽覺系統，聽神經遠端往大腦的路徑屬中樞聽覺系統。

**Q 8 外耳有什麼功能？**

**A** 外耳包含了耳殼（耳廓）和外耳道。耳殼可幫助收集聲音，特別是高頻率的聲音以及來自前方的聲音；許多動物就是依靠著較大的耳殼及靈活轉動的頭部偵測微小的聲音來捕捉獵物。外耳道是一條略微彎曲的通道，它的皮膚下有耳垢腺，會分泌耳垢及氣味，來防止昆蟲和細菌侵入（如圖 5）。

圖 5：外耳道分泌的耳垢可保護耳朵，避免小蟲子入侵。

**Q 9 中耳有什麼功能？**

**A** 外耳道的盡頭是一片薄膜，我們稱為耳膜或鼓膜，耳膜的後方就是中耳。中耳是一個充滿空氣的空腔，裡面有三塊人體最小的骨頭（鎚骨、砧骨、鐙骨）和連接的肌肉。這三塊聽小骨連接成鏈：鎚骨與耳膜相連，鐙骨與內耳耳蝸的卵圓窗相連（如圖 6）。當聲音引起耳膜

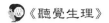

振動時，耳膜與卵圓窗的面積差，以及聽小骨槓桿運作的模式，使聲音在中耳被放大約 30 分貝。這種機械運作方式所增加的能量，正好補償聲音進入充滿液體的內耳時所喪失的能量。

中耳另有一條對外聯繫的通道，稱作耳咽管，也叫歐氏管（如圖6），它的另一端開口在鼻咽部。耳咽管主要有三個功能：保護中耳、平衡中耳內外的壓力和排除中耳腔壁的分泌物。耳咽管的功能若異常，有可能造成中耳問題。

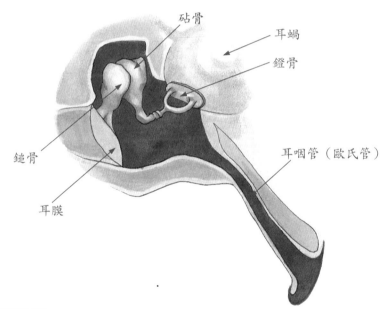

圖 6：中耳構造圖。

## Q10 內耳有什麼功能？

內耳分為前庭及耳蝸兩部份，前者掌管平衡，後者負責聽覺。耳蝸狀似蝸牛殼，約兩圈半，若將其拉直，長度約 3.5 公分。耳蝸由兩個薄

膜隔成三個腔室（鼓室階、中階和前庭階），裡面充滿著含有電離子的淋巴液。中階有一個重要部位稱為「柯蒂氏器」（Organ of Corti），上有三排外毛細胞和一排內毛細胞（如圖 7）。毛細胞負責把從中耳傳來的振動能量放大並轉換成電訊號，再傳給相連的聽神經。

柯蒂氏器除了轉換能量外，還像一個精密的頻率分析器；耳蝸底部負責分析高頻率的聲音，頂部負責分析低頻率的聲音，這種如鋼琴從高音到低音排列的特性稱為「耳蝸音調排列特性」（Tonotopic Organization）。因此，若是耳蝸受損，不但影響聲音的察覺，還會影響對聲音頻率的解析。

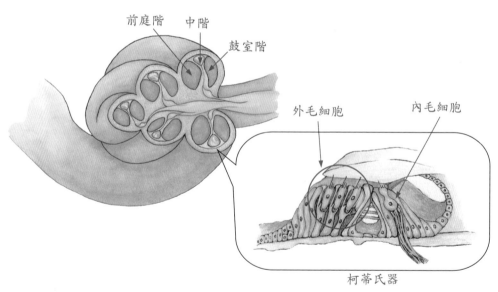

圖 7：耳蝸構造圖。圖中顯示耳蝸的三個腔室、柯蒂氏器上的三排外毛細胞和一排內毛細胞。

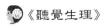

前庭主要包括兩個部份：三個半規管及兩個耳石器官（如圖8）。半
規管內有淋巴液，相接的兩個底端各有一個耳石器官。前庭主要負責
感知角加速度及旋轉動作，例如：當我們原地轉圈時，半規管內的淋
巴液因慣性而流動，觸動耳石器官內的毛細胞，將旋轉、加減速度等
動態訊息傳到前庭神經，產生知覺，使我們能夠知道自己旋轉的動作
和方向。當我們突然停止轉動時，半規管內的淋巴液因為慣性還無法
立即停止流動，所以即使身體已經停下來了，我們還是感覺自己在旋
轉，等過一段時間淋巴液也停止流動後，我們才會覺得自己是靜止的。

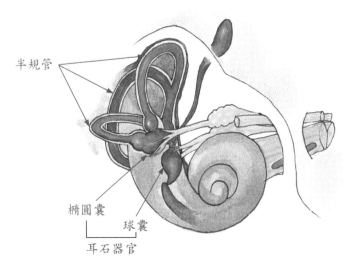

半規管

橢圓囊

球囊

耳石器官

圖8：內耳構造圖；藍色部份為前庭系統。

**聽神經有什麼功能？**

人耳的聽神經約由三萬條神經纖維集結成束，從耳蝸的中軸一直延伸到腦幹，耳蝸內的每一個毛細胞都與聽神經纖維連接。聽神經就好比一條電纜，外圈由來自耳蝸底部的神經纖維組成，負責傳遞高頻率訊息；內部由來自耳蝸頂端的神經纖維組成，負責傳遞低頻率訊息。毛細胞的刺激使神經纖維產生電位脈衝，稱為動作電位（Action Potential）；當刺激音量增加時，產生的電位就越高。聽神經除了將訊號往大腦傳遞，同時亦接受來自大腦的訊號，此下傳路徑又稱為回饋系統，與抑制功能有關。

**中樞聽覺系統有什麼功能？**

中樞聽覺系統泛指腦幹到大腦間傳遞及處理聲音訊號的部位（如圖9）。當聽神經載送訊號到腦幹的耳蝸核，就會由耳蝸核內不同的細胞分責將聲音訊號加以處理，然後上傳到大腦的聽覺皮質區進行解讀。中樞聽覺系統的運作和功能至今尚未完全被了解，但我們在日常生活中習以為常或不經意的聽覺行為，其實都來自中樞聽覺系統的貢獻，這些聽覺行為包括：辨別聲音的來源、辨識熟悉的聲音及學習新的聲音、同時聽取多個不同的聲音、選擇想要聽取的聲音、在聲音訊號不是很完整時仍能判斷出聲音的意義等。所以，雖然我們常說用耳朵聽聲音，其實是用「大腦」聽聲音。

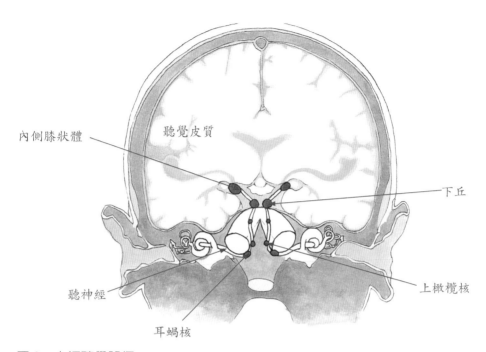

內側膝狀體

聽覺皮質

下丘

聽神經

上橄欖核

耳蝸核

圖 9：中樞聽覺路徑。

# 《聽覺系統發育》

**Q13** 耳朵的發育在出生時就完成了嗎？

耳朵構造大多在出生時便完成了，但功能上並未完成。聽覺系統約從胚胎期第三、四週開始發育；由於外耳、中耳和內耳由不同的胚胎部位分化，因此發育及成熟的時間並不相同。耳朵幾個重要部位的簡要發育時間列於表1。

| 發育部位 | 胚胎發育週次 | | | | | | | | | | | | |
|---|---|---|---|---|---|---|---|---|---|---|---|---|---|
| | 4 | 5 | 6 | 8 | 12 | 16 | 20 | 22 | 24 | 28 | 32 | 36 | 40 |
| 耳廓 | | | | | | | | | | | | | |
| 外耳道 | | | | | | | | | | | | | |
| 耳膜 | | | | | | | | | | | | | |
| 聽小骨 | | | | | | | | | | | | | |
| 耳蝸 | | | | | | | | | | | | | |

表1：耳朵各部位發育時間表。

　　嬰兒出生時只有耳蝸發育已達成人大小，其他部位仍會隨著嬰兒長大，在大小、位置等方面有所改變，而這些細微的改變會影響聽覺系統的實際功能。例如：耳廓的結構雖在第八週已大致完成，但大小及位置卻較成人小且低；中耳的聽小骨雖在出生前也已發育完成，中耳腔卻要在出生後才會有空氣進入讓聽小骨有效傳遞聲音。此外，耳蝸與大腦神經路徑雖在出生前10至20週開始產生連結，但許多中樞聽覺網絡的發展甚至要到出生後好幾年才會成熟。

**Q14** 有人說寶寶在媽媽肚子裡就聽到聲音了，這是真的嗎？

 沒錯。不管是利用超音波觀察胎兒聽到聲音時產生的反射動作，或是利用電生理檢查記錄聲音誘發的電位反應，結果都顯示聽覺的產生大約是在胚胎 25 週大的時候。不過，這時候的聽覺產生主要是以骨導方式傳遞（因為中耳尚未發育完成，且尚未有氣體進入），再加上隔著腹壁、子宮及羊水，肚子裡的胎兒聽到外面世界的聲音是有限而且模糊的，最常聽到的聲音是媽媽的說話聲，還有媽媽身體產生的聲音。

**Q15** 有哪些因素會影響耳朵的發育？

 胚胎期第四到第八週是所有器官開始發展的關鍵期，此時母體若使用藥物、感染病毒或接觸有毒物，例如：菸酒、放射線、重金屬、塑化劑等，都可能造成胎兒耳朵發育異常甚至停止發育。此外，遺傳來自父母的變異基因或母體本身的健康狀態，例如：營養不良、糖尿病等，也會影響耳朵的發育。如上述環境因素在耳朵構造發育完成後才出現，就會降低其影響力。

**Q16** 醫生說我的寶寶耳蝸發育不正常，只有一圈半，但我在懷孕期間非常小心，沒服用任何藥物，而且染色體檢查結果也都正常。為什麼會這樣？

耳蝸在胚胎期第八週時已發育一圈半，九週大時便已完成兩圈半的發育。若是發現寶寶的耳蝸圈數異常，除了基因變異造成外，多半在耳蝸重要發育時期受到環境因素影響。

人類有 23 對染色體，每一條染色體是由許多基因排列組成的，染色體上的基因變異有可能造成耳朵發育異常。產前染色體檢查主要是從染色體的結構及數目判斷是否異常，例如：唐氏症因為第 21 對染色

體多 1 條，所以可由染色體檢查結果得知。但是，染色體檢查並未針對染色體上的基因做詳細分析，所以若是因為染色體上的基因變異引起耳朵發育異常，就無法檢查出來了。舉例來說，楚雀科林斯症候群（Treacher Collins Syndrome）因為第五對染色體長臂上的第 32 個基因位置點變異而造成外耳及中耳發育異常，就無法經由產前染色體檢查發現。

**Q17 我的小孩耳朵長得很漂亮也沒有異狀，為什麼還會有聽力的問題？**

A 耳朵的外觀與聽力正常與否沒有絕對的關係。雖然我們常由耳朵的形狀、位置或耳朵上有小孔洞、贅生肉等特徵，懷疑是否有聽力的問題，但是只有不到 10%的聽力損失者有耳朵外觀上的異狀，超過 50%的聽力問題是內耳異常造成的。

**Q18 我怎麼知道我的寶寶內耳是否發育正常？**

A 內耳被包覆在堅固的顳骨中，位置大約在耳後方突起的硬骨（乳突骨）內。由於無法直接看見內耳，必須由耳部造影檢查來得知內耳的發育情形。常見兩種耳部造影檢查，一為電腦斷層掃描，英文簡稱為 CT；另一種為核磁共振造影，英文簡稱為 MRI。前者主要顯示骨性組織的發育，後者較能顯示膜性組織（例如：神經）的發育。

**Q19 醫生說寶寶的耳蝸和聽神經構造都正常，為何還會有聽力問題？**

A 如上題所述，耳部造影檢查可了解耳蝸和聽神經的發育情形，但造影檢查結果只能告訴我們耳蝸圈數的發育及聽神經的粗細大小，並不能顯示毛細胞的發育情形或聽神經的功能。許多聽力損失的人都沒有耳蝸圈數或聽神經細小的問題，而是耳蝸內的毛細胞功能不良所致。

# Q 20 內耳發育異常有哪些類型？

內耳發育異常依異常程度和異常部位可分為下列幾種類型：

(1) 內耳完全沒有發育（包括前庭及聽神經）：是非常罕見的嚴重異常，又稱為 Michel Aplasia，在 1863 年由發現的醫師命名，大約在胚胎三週大即停止內耳的發育。大部份患者的耳朵外觀正常，但常出現中耳和顏面神經的發育異常。

(2) 耳蝸未發育（Cochlear Aplasia）：約在胚胎第五週即停止內耳發育。

(3) 共同腔（Common Cavity）：指耳蝸與前庭未分化，從影像學上可以看到一個狀似橢圓的空腔，通常伴隨著半規管發育異常，約佔內耳異常的 26%。

(4) 耳蝸發育不全（Cochlear Hypoplasia）：耳蝸與前庭已經發育，但耳蝸較小或不完整。

(5) 第一型耳蝸分化不完全（Incomplete Partition Type I, IP-I）：指未出現蝸軸（Modiolus），使整個耳蝸看起來像是空囊。

(6) 第二型耳蝸分化不完全（Incomplete Partition Type II, IP-II）：耳蝸發育一圈半、半規管發育正常，但前庭囊和前庭導水管擴大，1791 年由發現的醫師命名，又稱為 Mondini 異常。約在胚胎七週大時內耳停止發育，約佔所有內耳發育異常的 50%。

(7) 第三型耳蝸分化不完全（Incomplete Partition Type III, IP-III）：耳蝸底部與聽神經連接部份發育異常，通常與性染色體上的基因變異有關，因此男性發生的比率較高。

(8) 聽神經細小（直徑小於 2.0 mm）或未發育。

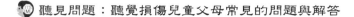

 **Q 21** 前庭何時開始發育？

當胚胎四到五週大時，前庭神經便開始發育；約八、九週大時，內耳的平衡器官就已經形成並且開始運作。胎兒五至六個月大時，因為地心引力的刺激，加速胎兒神經的傳遞速度。前庭的發育表現在早期的胎動和出生前胎兒頭部轉朝下的動作。媽媽在懷孕時期的活動，例如：散步、爬樓梯、做體操等，都能促進胎兒前庭的發育。

# 《聽力損失成因》

**Q22** 什麼原因會造成聽力損失？

**A** 聽力損失指聽覺系統損傷造成的聽閾值提高現象（見第 139 頁 Q243），可依發生的時間分為先天性和後天性。先天性聽力損失發生在出生時或出生後不久，原因有：(1) 基因變異；(2) 環境因素；(3) 不明原因。其中，基因變異造成的聽力損失大約佔一半以上，環境因素和其他不明原因大約各佔四分之一。

後天性聽力損失通常在習語後，甚至成年、老年時才發生。常見於兒童的後天性聽力損失包括晚發的遺傳性聽損、病毒／細菌感染、使用耳毒性藥物、頭部創傷、反覆的中耳積水等。

**Q23** 新生兒聽力損失的發生率很高嗎？

**A** 根據統計，每 1,000 名新生兒約 2 至 3 位有重度以上的聽力損失。若加上輕度和單側聽損，則每 1,000 名新生兒有高達 7 至 8 位有聽力損失。

**Q24** 我的寶寶現在三個月大，被診斷有輕度聽力損失，長大後聽力會進步嗎？

**A** 如果造成聽力損失的原因在外耳或中耳，例如：中耳積水、聽小骨發育異常等，或許可藉由醫療途徑改善。若受損位置在內耳或聽神經，那麼大多無法恢復，需要靠助聽輔具來補償損失的聽力。

**Q25** 我要如何知道寶寶的聽損是不是基因變異造成的？

**A** 要知道寶寶的聽損是否由基因變異造成的，就必須做基因檢測。目前

已知造成聽損的基因多達百種以上，但是現有的檢測方式主要針對最常見的三、四項基因變異進行篩檢。您只要帶著寶寶至門診抽取些許血液，就完成檢體的採集了。

 **26** 我和先生的家人都沒有聽力問題，為何寶寶檢查出有聽損基因變異？

 人類約有兩萬個基因，一半來自父親、一半來自母親。聽損基因有下列幾種遺傳方式：

(1) 隱性遺傳：為最常見的遺傳方式。隱性遺傳的特性是，成對的兩個基因必須同時都有變異才會產生聽力損失；只有一個基因有變異並不會造成聽損。所以，當爸爸和媽媽聽力都正常，但各自都帶有一個相同的變異基因，且同時將此變異基因遺傳給寶寶時，寶寶便帶有成對的變異基因，也就會有聽力損失了。

(2) 顯性遺傳：是指只要在成對基因中的其中一個基因有變異就會產生聽力損失。

(3) 性聯遺傳：是指位在第 23 對性染色體上的基因有變異造成的聽損。

(4) 粒線體遺傳：粒線體是細胞裡把養分轉換成能量來源的工具，由於粒線體來自卵子，因此粒線體的基因變異屬於母系遺傳。

 **27** 我的寶寶檢查出有 GJB2 基因變異，那是什麼呀？

與聽覺功能相關的基因中，有一項重要功能即是負責製造合成聽覺系統各部位所需的各種蛋白質，如果缺乏某種蛋白質，就會造成聽覺功能不彰。GJB2 基因位於第 13 對染色體，負責製造 connexin 26（Cx26）蛋白質，它與維持內耳鉀離子濃度有關。根據研究，有此基因變異的國人較多為輕度至中度聽損。

**Q 28** 我的寶寶有聽力損失，但是未篩檢出聽損基因變異，這表示寶寶不是遺傳性聽損嗎？

**A** 不一定。目前已知與聽損相關的基因至少有百種以上，但國內的聽損基因篩檢只針對最常見的幾個基因。常篩的聽損基因變異主要有三種，除了上述 GJB2 基因外，還有粒線體 DNA 突變和 SLC26A4 基因（又稱「PDS 基因」）。SLC26A4 基因主要的臨床特徵為前庭導水管擴大和／或耳蝸構造異常。若疑似有聽神經病變譜系異常（ANSD，詳見第 45 頁該篇介紹），則建議加篩 OTOF 基因。

**Q 29** 常見造成聽力損失的環境因素有哪些？

**A**
(1) 懷孕期間感染病毒：早期常見的是德國麻疹感染，對胎兒造成嚴重的聽力損失及其他問題。近年來由於衛教及疫苗普及，德國麻疹幾乎已消失。目前較常見為巨細胞病毒感染，有些母親在孕期感染此病毒只出現輕微感冒症狀，以致沒有及早發現。若在懷孕初期感染，通常會對胎兒造成較嚴重的影響（詳見第 20 頁「巨細胞病毒篇」）。

(2) Rh 血型不合：通常是因為母親屬陰性 Rh 血型，但胎兒為陽性 Rh 血型，造成母體產生抗體。當懷孕胎次越多抗體累積越多，就會攻擊胎兒的紅血球，使血液供氧不足，造成膽紅素過高導致聽損。

(3) 早產（詳見第 29 頁「早產篇」）。

(4) 妊娠糖尿病、妊娠毒血症。

(5) 懷孕期間飲酒過量：因為酒精可以自由通過胎盤，造成胎兒生長遲緩、中樞神經系統功能不良、聽力損失等。

(6) 缺氧：氧氣不足會造成細胞無法正常運作，除了導致神經系統缺

損外，還會引起耳蝸受損。常見胎兒缺氧原因有臍帶繞頸、吸入胎便及難產等。

(7) 出生後感染：最常見的是上呼吸道感染引起中耳問題（詳見第35頁「中耳炎篇」）。若是細菌或病毒經由腦膜進入耳蝸則常會引起耳蝸鈣化，造成嚴重聽損。其他如：麻疹、腮腺炎、水痘及流感，都是可能引起聽損的疾病，其中腮腺炎與單側聽損的相關性極高。

(8) 耳毒藥物。

(9) 頭部創傷。

**Q 30** 我的小孩10歲才發現有聽力損失，所以一定不是遺傳性聽損嗎？

**A** 不一定。除了上述環境因素可能造成習語後聽損外，有部份基因變異引起的聽損是晚發性或漸進式的。

## 【巨細胞病毒篇】

**Q 31** 什麼是巨細胞病毒？如何傳染的？

**A** 巨細胞病毒（cytomegalovirus, CMV）屬於皰疹病毒的一種，各個年齡層的人都可能感染，且感染率會隨著年齡增加而升高。根據國家衛生研究院在網路上的資料，臺灣地區超過80%的成年人都曾被巨細胞病毒感染。然而，由於絕大多數的人被感染之後都沒有產生任何症狀，因此不知道自己曾經感染此病毒。

CMV是透過體液和飛沫傳染的，常見的傳染途徑包括：

(1) 人與人之間的密切接觸，例如：親吻、性行為、與他人共用食物、餐具等。

(2) 母體傳染：懷孕期經由胎盤感染胎兒、自然生產時經由子宮頸分泌物感染、哺乳。

(3) 輸血或器官移植。

**Q32** 如何知道寶寶是否有巨細胞病毒感染？

可檢測血液、唾液或尿液中是否有抗體。由於巨細胞病毒可能會對寶寶造成嚴重的影響，因此，媽媽若懷疑自己在孕期感染巨細胞病毒，在寶寶出生後應儘速進行檢測。只是，若在嬰兒出生後超過二至三週才施測，則檢測結果就不能作為診斷孕期感染的依據。在美國某些州已全面試行對剛出生或未通過新生兒聽篩的寶寶進行巨細胞病毒抗體快篩（使用棉花棒刮取口腔內黏膜採樣）。

**Q33** 先天性巨細胞病毒感染有哪些臨床症狀？

先天性 CMV 感染的新生兒大多數沒有臨床症狀，只有約一成的新生兒會出現子宮內生長遲滯、早產、低出生體重、瘀斑、肝脾腫大、黃疸、小頭畸形、肌肉張力不足、脈絡膜視網膜炎等臨床症狀。不過，即使剛開始沒有症狀，還是有 5%到 15%的嬰兒在隨後發展出眼睛病變或聽力損失。

**Q34** 先天性巨細胞病毒感染後會產生哪些後遺症？

胎兒感染 CMV 的時間和後遺症出現有密切的關係；懷孕初期（前三個月）受感染的胎兒比懷孕後期才受感染的胎兒更可能出現中樞神經系統方面的後遺症，且後遺症可能不只一種。出生時即出現上題症狀的新生兒多數有下列後遺症：

(1) 感音型聽力損失。

(2) 智能發展問題。

(3) 視力問題（視網膜炎）。

(4) 腦性麻痺。

(5) 癲癇。

(6) 動作發展問題。

(7) 學習障礙。

(8) 語言發展問題。

**Q 35 先天性巨細胞病毒會造成怎樣的聽力損失？**

*A* 先天性巨細胞病毒感染最常造成單耳或雙耳感音型聽力損失，約60%達到重度以上。聽損可能晚發、漸進或波動，因此這些嬰兒可能會通過新生兒聽力篩檢。

**Q 36 我的小孩因先天性巨細胞病毒感染造成聽損，我該注意哪些事情？**

*A* 如上題所述，先天性巨細胞病毒感染兒童的聽損有可能為晚發型或是漸進型，因此密集的聽力追蹤是必要的。除了定期聽力檢查外，家人與聽語教師也應該特別注意幼兒平日對聲音的察覺反應。若發現幼兒對聲音的反應變差或發聲的次數變少，就要懷疑聽力是否變化。輔具也要考慮聽力下降的可能而選擇有較大增益量調整範圍的助聽器，以保留未來的調整彈性。若聽損程度為重度以上，建議儘早進行人工電子耳植入評估。

**Q 37 我的小孩因為先天性巨細胞病毒感染造成雙耳極重度聽損，人工電子耳會有幫助嗎？**

*A* 每個 CMV 兒童合併其他後遺症的狀況不盡相同，但根據研究結果顯

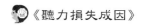

示，即使這些兒童有聽損以外的其他障礙，例如：視覺、動作、認知等，在植入人工電子耳後，只要有適當的復健計畫和溝通模式（例如：聽語溝通、綜合溝通），他們的語言表現仍然能夠有長足的進步。

**Q38 巨細胞病毒感染可以預防嗎？**

目前並沒有 CMV 疫苗，因此尚無法有效預防 CMV 感染。幾年前由美國國家衛生院贊助的一項臨床試驗性計畫，將 ganciclovir（一種治療 CMV 感染的抗病毒藥物）注射於有臨床症狀的 CMV 新生兒身上，結果與對照組相比，這些嬰兒在後來聽力惡化的發生率明顯較低。不過，這項治療方法仍在試驗中，因此嬰兒使用這種藥物是否有副作用或後遺症仍然未知。目前，被認為能有效預防 CMV 感染的最好方法就是養成良好的衛生習慣，例如：經常洗手，這對正處於生育年齡的婦女來說尤其重要。

## 【症候群型聽損篇】

**Q39 什麼是症候群型聽損？它的發生率很高嗎？**

當聽力損失同時伴隨其他重要器官缺失，就稱為症候群型聽損。由於診斷不同症候群的依據不同，且同一症候群可能有不同的表徵，因此鑑別診斷並不容易。

根據統計，先天性聽損兒童中超過 50%是由基因變異造成的，其中約 70%為單一聽損，30%為症候群型聽損（如圖 10）。

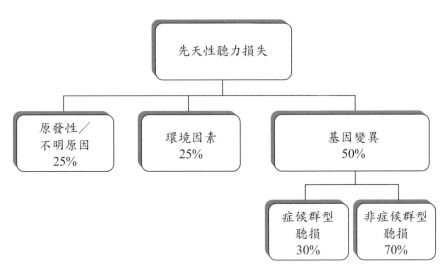

圖 10：先天性聽力損失的發生原因。

**Q40 症候群型聽損一定是遺傳造成的嗎？**

大部份是的，但是仍有少數由基因自體產生變異造成，或者母體在孕期受環境因素影響引起胚胎基因變異。

**Q41 有哪些常見的症候群和聽損有關？**

常見與聽損有關的症候群說明如下：

**(1) 瓦登伯格症候群（Waardenburg Syndrome）**

瓦登伯格症候群於 1951 年由一位荷蘭的眼科醫生（Dr. Petrus Johannes Waardenburg）提出，主要特徵為眼珠虹膜色素異常但視力不受影響、額前白髮及皮膚色素異常。可能於胚胎發育期神經脊細胞移行分化不正常所致。神經脊細胞需要多種基因相互運作才能製造正常的黑色素細胞、聽神經細胞及結腸神經細胞等。目前已知有六種以上的基因變異會造成瓦登伯格症候群，依其產生的異常又可劃分為四大類型（見表 2）。

| 類型 | 主要徵狀 | 主要遺傳方式 |
|------|---------|-------------|
| 第一類 | 色素異常（眼珠、頭髮、皮膚）。<br>顱顏異常（眼距過寬）。<br>約有 25%至 75%合併聽力損失，其中 60%屬極重度感音型聽損。 | 顯性遺傳（每一胎子女皆有 50%的機率患有此症）。 |
| 第二類 | 色素異常（眼珠、頭髮、皮膚）。<br>約有 50%合併聽力損失。 | |
| 第三類 | 色素異常（眼珠、頭髮、皮膚）。<br>上肢異常。<br>聽力損失（較常出現漸進式聽損）。 | |
| 第四類 | 色素異常（眼珠、頭髮、皮膚）。<br>消化系統功能異常（例如：先天性巨結腸症）。<br>聽力損失。 | 隱性遺傳。 |

表 2：瓦登伯格症候群的四種類型。


## (2) 楚雀科林斯症候群（Treacher Collins Syndrome）

楚雀科林斯症候群於 1900 年由提出案例的醫師命名，因第五對染色體上的基因產生變異造成患者的下頜骨發育不全，致使臉頰凹陷，有些個案還會出現後鼻孔閉鎖或顎裂。患者常因合併中耳及外耳發育異常而有不同程度的聽力問題。雖然此症候群屬於顯性遺傳，但是常見無家族史的偶發性變異，或者父母雖帶有基因變異，但因表徵不明顯而未被診斷出來。

此症候群患者出生後應密切注意是否有呼吸窘迫現象，必要時需手術置入氣管造口維持呼吸道的通暢。其次，由於影響到顏面骨及眼睛、耳朵周圍的軟組織等，必須由專業的顱顏整形外科協同眼科醫師評估適當的重建手術。聽力部份應及早確定有無造成損失，以進行適切的助聽輔具及療育介入。

### (3) 唐氏症（Trisomy 21 Syndrome）

唐氏症患者在胚胎分化時多了一條第 21 號染色體。多數患者智力發展異常，普遍有臉部外觀較扁平、短頸、鼻梁塌陷、四肢較短等特徵。此外，約有 50% 的唐氏症患者有先天性心臟病。

多數唐氏症患者因為外耳道較狹窄造成耳垢不易排出，以及耳咽管發育不良引起慢性中耳炎，常易造成輕度至中度的傳導型聽損。建議家長應密切觀察孩子對聲音的反應、定期追蹤聽力，並注意中耳的健康情形。仍有少數唐寶寶會出現感音型聽損或混合型聽損，應及早介入助聽輔具。

### (4) CHARGE 症候群

於 1979 年被提出合併多項異常的症候群。C（coloboma）指先天性眼球發育不完全造成眼睛不同部位有小孔洞，H（heart）指心臟缺損，A（atresia of choanae）指後鼻孔閉鎖，R（retarded growth and development）指生長及發育遲緩，G（genital hypoplasia）指生殖器官發育不全，E（ear）指耳朵發育異常或聽損。其他症狀還可能有顎裂、腎臟異常、氣管食道問題及輕微的骨骼發育異常。致病原因尚不明，但研究發現有一半以上的患者可在第八對染色體上找到相同的基因變異（CHD7）。

大部份的CHARGE患者有耳廓、聽小骨或耳蝸發育異常，少數有耳道狹窄或閉鎖，因此聽損類型有傳導型、感音型及混合型，且聽損程度不一。一旦懷疑患有此症，除了考慮進行基因檢測協助診斷外，應會診各科醫生進行全面性的生理評估，並及早介入適當的療育。

## (5) Pendred 症候群

Pendred 症候群指聽力損失合併甲狀腺腫大，於 1986 年由英國醫生 Dr. Vaughan Pendred 提出。目前已知多數由 SLC26A4 基因變異造成，極少數合併出現其他基因變異。SLC26A4 基因變異也會引起非症候群型的聽力損失。Pendred 症候群患者通常出現雙側前庭導水管擴大，有時還伴隨耳蝸發育異常。甲狀腺腫大通常在八歲以後才顯現，但是甲狀腺功能多數正常。另外，約 66%的患者有不同程度的前庭功能異常。

Pendred 症候群患者的聽力損失通常一開始就呈現重度到極重度感音型聽損，少數有波動式或漸進式聽損。助聽器或人工電子耳配戴後的效益都相當顯著。

## (6) Branchio-Oto-Renal（BOR）鰓耳腎症候群

鰓耳腎症候群是指同時出現鰓弓、耳朵及腎臟發育異常，其突變的基因位於第八對染色體上。患者有雙重輸尿管、腎臟較小等症狀，一半以上還有咽喉與外部相通的情形。耳朵部份可能有耳廓畸形、耳道閉鎖、耳前廔管、耳蝸異常等症狀，約九成患者有各類型的聽力損失。因此，應儘早確認聽力損失情形，並安排適當的療育。

## (7) Alport 症候群

Alport 症候群為性聯顯性遺傳，患病率及嚴重程度男性大於女性。病患會有慢性腎功能不全、尿蛋白、血尿、聽損，少數會有眼睛方面的問題。聽力損失多為漸進式的感音型聽損，高頻率部份最先受到影響，因此應每年定期檢查聽力，並依需求配戴助聽輔具。由於此症候群為基因變異引起，目前仍然無法完全根治，但患者

應避免感染、勞累及使用腎毒性藥物。越早出現腎臟方面的病徵、尿蛋白越多，預後越差。

## (8) 尤塞氏症候群（Usher Syndrome）

尤塞氏症候群為隱性遺傳疾病，以眼科醫師 Dr. Charles Usher 為名，患者主要同時出現視網膜色素病變及聽力問題，有時伴隨平衡功能失常。尤塞氏症候群依不同臨床症狀可分為三大類型（見表 3）。

| 類型 | 聽力 | 視力 | 平衡 |
|------|------|------|------|
| 第一型 | 先天性雙耳極重度聽損。 | 10 歲前視力開始退化，一開始為夜盲，隨後快速惡化至全盲。 | 出生後即有嚴重的平衡問題，導致坐立及行走發展遲緩。 |
| 第二型 | 先天性雙耳中度至重度聽損。 | 約自青春期開始退化。 | 正常。 |
| 第三型 | 出生後聽力正常，但可能逐漸退化。 | 自青春期開始退化，中年後近似全盲但個別差異大。 | 大部份正常或近似正常。 |

表 3：尤塞氏症候群的類型。

第一型與第二型最常見，約佔所有尤塞氏症候群患者的 90%至 95%。因為病程多屬漸進性，且有十多種罕見症候群出現類似症狀，因此早期診斷對尤塞氏症候群患者是相當重要的。完整的檢查至少涵蓋視力、視網膜感光細胞及相關構造檢查、聽力檢查及平衡功能檢查。因為有較多組基因變異與此症候群相關，有需要者多需將檢體寄至國外進行比對。目前尚未有治癒尤塞氏症候群的方法，有眼科醫師建議每日服用維生素 A 可減緩視網膜色素病變衰退的速度，但服用前需經眼科醫師開立服用劑量處方及服用

注意事項。

在診斷後應及早進行療育計畫，包括適當的助聽輔具、溝通方法的選擇、定向及行動訓練、獨立生活訓練、聽覺訓練、點字學習等。

## (9) 眼、耳、脊椎發育異常症候群（Oculo-Auriculo-Vertebral Spectrum）

眼、耳、脊椎發育異常症候群，又稱「Goldenhar Syndrome」，是一種先天性單側臉部、眼部、耳部及脊椎發育異常的症候群。此症候群較常發生在男性身上，致病原因仍未確定，有學者推測可能是胚胎時期血管發育異常，間接影響臉部骨骼及脊椎的發育。患者常出現小耳症、耳道閉鎖，或聽小骨發育不全，多數屬傳導型聽損。

## 【早產篇】

### Q 42 早產兒發生聽力損失的比率很高嗎？

很高。每 1,000 名新生兒中，約有 2 至 3 位有雙側重度以上永久性聽力損失，但在早產兒中，永久性聽損的發生率可提高到每 1,000 名中就有 20 至 40 位。其中，極低體重兒（體重未達 1,500 克）發生聽損的比率又更高。

### Q 43 為什麼早產兒容易發生聽力損失？

早產兒常伴隨著不同程度低體重的問題，需要住進新生兒加護病房給予特別的照護。這些提早出生及體重過輕的小寶寶，身體的器官或是神經系統可能都還沒發育成熟，因此抵抗力相對也比較弱，較容易產生各種健康上的問題。早產兒發生聽損的高危險因素除了低體重外，

還包括：缺氧、使用輔助呼吸器或耳毒藥物、嚴重黃疸需要換血等。研究顯示當其中幾項因素同時出現時，發生聽損的比率就更高。

**Q44** 為什麼使用呼吸輔助器的早產兒容易發生聽損？

**A** 當寶寶需要使用呼吸器輔助時，就代表有缺氧的情形。內耳的毛細胞對氧氣的需求十分敏感，因此缺氧很容易造成毛細胞損傷，產生聽力損失。

**Q45** 什麼是黃疸？黃疸指數過高就會造成聽損嗎？

**A** 黃疸指數代表血液中膽紅素的含量，若黃疸指數為 12，代表 100 c.c. 的血液中有 12 毫克的膽紅素。膽紅素是紅血球代謝的產物，新生兒因為紅血球較成人多，且肝臟功能較不成熟以致代謝慢，造成膽紅素過高產生黃疸，一般在出生後 10 天左右會消退，稱為新生兒黃疸，屬生理性黃疸。若黃疸於出生後 24 小時內出現、快速升高、指數大於 15 或 20、持續時間長，則可稱為「病理性黃疸」。

膽紅素對身體所有組織都具有毒性，尤其是中樞神經系統。若影響到聽覺系統，則周邊或中樞都有可能受到損傷。雖然研究顯示黃疸指數超過 20 與不正常的聽性腦幹反應有高度相關，但並不表示高黃疸指數就必然產生聽損。

**Q46** 早產兒容易發生哪種類型的聽損？

**A** 早期研究發現早產兒較易有感音型聽損，少數伴隨傳導型聽損，聽損程度則無一致的表現。因評估工具的進步，現在有越來越多的早產兒被診斷患有聽神經病變譜系異常（ANSD，詳見第 45 頁該篇介紹）。

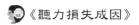

## 【前庭導水管擴大症候群篇】

 **Q47** 什麼是前庭導水管擴大症候群？

前庭導水管擴大症候群這個名稱最早出現於 1978 年，指不正常擴大的前庭導水管。前庭導水管是一條大約一公分長、呈倒 J 形的骨性彎管，從內耳前庭的中段延伸到後腦（如圖 11）。由於有前庭導水管擴大的患者常伴隨其他內耳異常，例如：內淋巴囊擴大、耳蝸發育不全，故以症候群稱之（Large Vestibular Aqueduct Syndrome, LVAS 或 Enlarged Vestibular Aqueduct, EVA）。

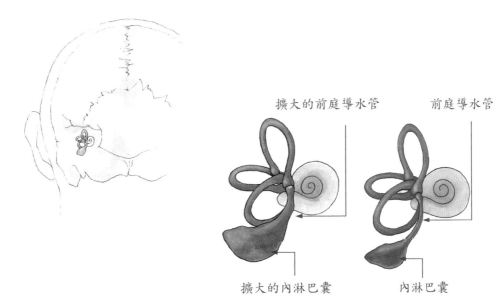

擴大的前庭導水管　　前庭導水管

擴大的內淋巴囊　　內淋巴囊

圖 11：前庭導水管示意圖。

**Q 48 為什麼會發生前庭導水管擴大？**

前庭導水管約在胎兒受孕第四週時開始由耳囊分化發展出，到了第五週達到最寬，然後漸漸地發育窄化至成人般的大小。導水管在胚胎五週大時如停止發育就無法窄化至正常大小，但也有學者認為是在出生後因不正常的發展而造成導水管擴大。

近年來，前庭導水管擴大症候群被發現與 PDS 基因變異有關。PDS 基因又稱為 SLC26A4 基因，它屬於 SLC26 基因家族，負責中介碘、氯的運輸。因氯離子的傳輸缺損，造成耳蝸內淋巴液流動異常，導致聽力損失。PDS 基因異常亦與 Pendred 症候群相關，指的是內耳結構異常合併甲狀腺腫大。

**Q 49 要如何知道有沒有前庭導水管擴大？**

前庭導水管長端中段的直徑超過 1.5 mm 就是異常擴大，可由電腦斷層掃描發現。另外，透過核磁共振造影檢查，還可以發現導水管內的內淋巴管及內淋巴囊是否也有擴大。

**Q 50 LVAS 一定會造成聽力損失嗎？**

LVAS 患者大多有感音型聽力損失，約佔感音型聽損的一成，女生的發生率高於男生。部份 LVAS 患者有低頻混合型聽損，不過仍有少數個案在出生時聽力正常，經過一段時間聽力才開始下降。造成聽力損失的機制仍不明，可能與內耳淋巴液流動異常有關。

**Q 51 LVAS 的聽力為什麼會有波動？**

前庭導水管擴大症候群患者的聽損易有波動，或有漸進式聽損。有研究指出患者大約每年會有 4 分貝的聽力下降，至聽力穩定前，平均累

積下降 25 分貝。引起聽力變化的原因不明，可能是因為環境因素引發腦壓改變，造成內耳淋巴液流動異常，導致聽力變化。因此，LVAS 患者有時會因輕微的腦部撞擊、大氣壓力驟變或是不明原因發生突發性的單耳或雙耳聽力下降。

 **Q52** 醫生說前庭導水管擴大的小孩遲早都要開人工電子耳，這是真的嗎？

大部份 LVAS 兒童都可藉由助聽器獲得改善，但部份兒童因聽力逐漸下降，助聽器提供的幫助亦漸漸減少，尤其是高頻率部份。雖然近年來透過移頻助聽器（詳見第 83 頁「認識助聽器篇」）可以改善高頻率語音的察覺，但是辨識效益因人而異。一般而言，人工電子耳對高頻聽損達極重度的聽損者能提供比助聽器更佳的效益；因此，對高頻聽損嚴重或聽力常出現嚴重波動的 LVAS 兒童，一般建議儘早評估人工電子耳植入，如此不但可及早發展出較佳的口語能力，也能大幅降低因聽力波動所產生的不安全感。

 **Q53** 我的孩子有前庭導水管擴大，要如何避免聽力變化？

病理的變化通常是無法避免的，但在環境中，LVAS 兒童仍應避免：(1)劇烈頭部或身體碰撞的運動，例如：摔角、跆拳道或美式足球等，若要參加，則需配戴安全帽或護貝；(2)劇烈壓力變化的活動，例如：雲霄飛車、自由落體、潛水、高空彈跳、大型充氣式溜滑梯或彈跳床；(3) 吹奏大量送氣的樂器，例如：法國號、小喇叭。

 **Q54** 前庭導水管擴大的小孩聽力下降時應如何處置？

當聽力下降時應儘速就醫，除了確切掌握孩子的聽力變化外，醫師會針對個別情形決定是否使用藥物或其他治療。

## 【小耳症篇】

 **Q55 什麼是小耳症？**

小耳症是一種先天性的外耳發育異常，出生時就可從耳朵的外觀發現。傳統上依發育異常的嚴重性又可分為四種類型：(1) 外耳道有發育、耳廓結構大致可見，但是尺寸較小；(2) 耳廓只有部份發育（通常是上半部未發育），且外耳道窄小或閉鎖；(3) 未見耳廓發育，僅有像花生狀的結構，且外耳道及耳膜皆未發育，屬最常見的小耳症類型；(4) 外耳完全沒有發育。

 **Q56 小耳症會影響聽力嗎？**

大部份會影響。小耳症常因外耳道閉鎖或狹窄影響聲音的傳遞，造成傳導型聽力損失。不同程度的發育異常也會引起不同程度的聽力損失，若異常程度較輕微（如上述第一種類型），則不一定有聽力損失。小耳症常與中耳異常發育相關，有時亦會合併內耳異常，使聽力的問題更嚴重。

 **Q57 小耳症的發生是因為媽媽在懷孕時用了剪刀嗎？**

絕對不是！小耳症的產生是在懷孕初期胎兒的外耳未能正常發育，並不是媽媽用了剪刀或做錯了什麼事造成。小耳症常發生在單側，發生率約 1/6,000。懷孕時使用藥物、基因變異及環境因素都可能與小耳症的發生有關。

 **Q58 我的小孩有小耳症，該怎麼辦？**

從聽力與外觀兩方面來說明。聽力若有損失，建議及早配戴助聽器。

由於大部份小耳症會造成耳廓異常及外耳道閉鎖，無法配戴耳掛型助聽器，就要使用骨導型助聽器（詳見第 83 頁「認識助聽器篇」）。外觀異常則要到孩子七歲左右，由耳鼻喉科醫師及整形醫師合作進行耳朵的重建手術。

國內目前有羅慧夫顱顏基金會、得福小耳症家長聯誼會等社會資源，爸爸媽媽可聯繫這些單位，以獲得更多資訊並與其他家長交流。

 **59 單側小耳症也要使用助聽器嗎？**

單側小耳症有幾種情形：(1) 小耳側聽力正常、對側耳聽力也正常，此類型不需配戴助聽器；(2) 小耳側有聽損、對側耳聽力正常，建議配戴助聽器以獲得雙耳聆聽優勢（詳見第 51 頁「單側聽力損失篇」）；(3) 小耳側有聽損、對側耳也有聽損，則雙耳皆需配戴助聽器。助聽器的類型則依小耳異常狀況和聽損程度而定。

 **60 小耳症常合併哪些異常？**

小耳症常合併顏面、顱骨或下頜骨異常，例如：楚雀科林斯症候群（Treacher Collins Syndrome）或 CHARGE 症候群（詳見第 23 頁「症候群型聽損篇」）。

## 【中耳炎篇】

 **61 為什麼會發生中耳炎？**

中耳是充滿空氣的腔室，中耳與鼻咽腔相連的耳咽管平時是緊閉的，當吞嚥或打呵欠時會短暫開啟，以平衡中耳腔內外的壓力。感冒時常因上呼吸道分泌物或病原體沿著耳咽管逆行至中耳腔，造成中耳炎。

2/3 的幼兒在三歲前至少會得過一次中耳炎，是因為他們的耳咽管較短且略呈水平狀，病原體很容易進入中耳腔造成感染，長大後耳咽管變長且傾斜，就會減少中耳炎發生的機率（如圖 12）。

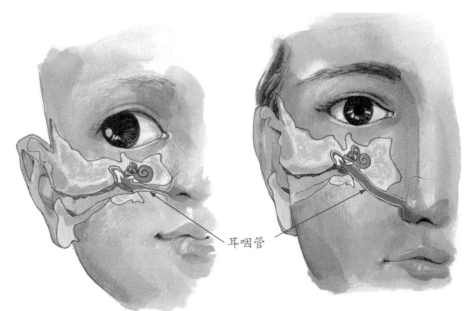

耳咽管

圖 12：耳咽管示意圖。左圖為兒童，耳咽管長度較短，位置較水平；右圖為成人，耳咽管長度較長，位置較斜。

有一些高危險群兒童幾乎整個童年期都會反覆發生中耳炎，這些高危險群包括了在托育中心的孩子、長時間暴露於抽菸環境中的孩子、唐氏症或顱顏異常等兒童。

## Q 62 常見中耳炎的處置方式有哪些？

 中耳炎在急性期，幼兒常有疼痛或發燒的症狀出現，需要立即就醫。醫師多依據病情給予症狀舒緩治療，並需持續回診追蹤。若醫師開立抗生素處方，一定要按時服藥，切不可因症狀改善就擅自停藥或減

藥，以免將癒的病情變得更嚴重或產生抗藥性。當中耳炎合併中耳積水持續三個月以上，經藥物治療仍無改善，醫師會視病情需要放置通氣管[2]將中耳積水排出（如圖13），或切除腺樣體以減少反覆性中耳炎的發生。

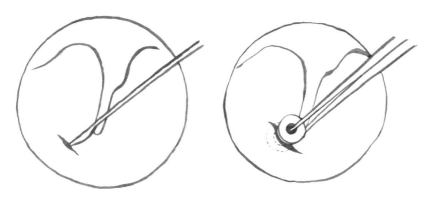

圖13：通氣管置入示意圖。醫生在耳膜下方畫一切口（左圖），再將通氣管置入（右圖）。

## Q63 中耳炎的發生率高不高？

 根據統計，幾乎每位兒童在五歲前都曾得過中耳炎，1/3 的學齡前兒童曾發生反覆的中耳炎且造成暫時的傳導型聽損。40%至50%的中耳炎初期並無明顯的徵狀，等到中耳炎被發現時，可能已經非常嚴重了。

---

2 通氣管的放置是用手術的方式將耳膜劃開，放入一個小管狀物，如此便可讓積在中耳腔的液體流出，也讓中耳腔有空氣的流通。放置後約五至六個月，會因耳膜慢慢再生將通氣管往外推擠掉落，因此無須手術取出。置入通氣管後能有效縮減約32%的積水時間，但也有統計指出放入通氣管者有較高的中耳炎再發生率，因此如何處置中耳炎仍視個案狀況及醫師的判定而有不同。

**Q64** 中耳炎會對聽力造成影響嗎？

 並不是每次中耳炎都會造成聽力損失。聽力損失較常發生在中耳積水時，因為此時中耳聽小骨受到液體阻力的影響不能有效傳導聲音，尤其是低頻率的聲音。嚴重的中耳積水可造成高達 45 分貝的聽力損失，而這樣的聽力損失程度足以對兒童的語言及學習發展產生嚴重影響。若兒童原本就有聽損，可能會因中耳積水造成聽力進一步損失，使得聽取更加困難。此外，反覆性中耳積水還可能會造成中樞聽覺功能的異常，因此父母對兒童中耳炎的問題不可輕忽。

**Q65** 如何觀察孩子是否有中耳炎？

 當孩子表達耳朵疼痛、觸摸到孩子的耳朵時就引起哭鬧或抗拒、叫喚時反應遲鈍、看電視音量比平常大聲、在跟孩子說話時，孩子特別注視你的臉，或聽人說話時常轉頭偏向某一側時，都應懷疑是否有中耳炎的問題而儘速就醫。有時候中耳炎並無明顯的徵狀，因此很難及早發現，建議兒童感冒就醫時同時留意中耳的健康。

**Q66** 如何預防中耳炎的發生？

可參考以下方式：

(1) 健康飲食及作息、多運動，增加抵抗力，避免感冒。

(2) 居家中避免空氣汙染，例如：抽菸、燃香味、油漆味等，減少上呼吸道的黏膜受刺激而腫脹。

(3) 施打疫苗：兒童鼻咽腔可能有肺炎鏈球菌存在，當免疫力減低時，細菌容易侵襲，引發中耳炎，施打肺炎鏈球菌疫苗可保護兒童免於感染。

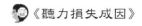

 67 游泳或洗頭時耳朵進水會造成中耳炎嗎？

 中耳炎的發生，與游泳或洗頭時耳朵進水完全沒有關係。如果耳膜正常沒有破洞，即使水不小心流入耳朵，也會被耳膜擋住而滯留在外耳道，不會進入到中耳腔造成中耳炎。所以如果游泳時耳朵進水引起發炎，主要是外耳炎而不是中耳炎。

# 《聽損類型》

## 【傳導型聽力損失篇】

### Q68 什麼是傳導型聽力損失？

當外耳或中耳因為構造異常或疾病導致聲音無法有效傳遞至內耳所造成的聽力損失，就稱為傳導型聽力損失，一般可用藥物或手術來改善聽力的問題。

### Q69 兒童發生傳導型聽損的常見原因有哪些？

最常見的是中耳炎合併積水引起的暫時性傳導型聽損，通常經過適當的藥物或手術治療即可改善（詳見第 35 頁「中耳炎篇」）。其他如外耳發炎、耳垢栓塞、耳膜破裂、聽小骨斷裂等也可能造成傳導型聽損。少數因為外耳或中耳發育異常造成傳導型聽損，例如：小耳症、聽小骨發育異常、楚雀科林斯症候群等。若發現幼兒耳廓發育不全或在耳朵附近有小肉球、小孔或者顏面不對稱，都應注意是否有傳導型聽損的可能。

### Q70 如何診斷傳導型聽損？

傳導型聽損需進行氣導和骨導的純音聽力檢查才能診斷出來（詳見第 59 頁「純音聽力檢查篇」）。當骨導聽閾值在正常範圍內，代表內耳聽力正常，此時氣導聽閾值比骨導聽閾值多 15 分貝以上就屬於傳導型聽損。

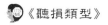

**Q 71** 小孩如果不願意配合純音聽力檢查，如何才能知道內耳聽力是否正常？

**A** 可進行骨導電生理檢查。

**Q 72** 外耳、中耳、內耳可能同時發生異常嗎？

**A** 當然可能。內耳異常的人仍可能因中耳積水、耳垢栓塞或者合併有外耳／中耳發育不全等問題而影響聲音傳導，這種聽損稱為混合型聽損。如上述影響聲音傳導的因素消失，則聽力有可能改善。常見聽損兒童在嚴重感冒時導致中耳積水，造成更嚴重的聽力損失，等積水消退了，聽力就可能回復至原本的程度了。

## 【感音型聽力損失篇】

**Q 73** 什麼是感音型聽力損失？

**A** 當耳蝸無法有效將外耳及中耳傳送來的聲音傳遞給聽神經，就會造成聽力損失，稱為感音型聽損（又稱為感覺神經型聽損，Sensorineural Hearing Loss），其主要受損部位是耳蝸內的毛細胞。有時，耳蝸異常亦會伴隨著聽神經發育異常。

**Q 74** 感音型聽損的發生原因有哪些？

**A** 任何造成耳蝸受損的因素都會引起感音型聽損。前面篇章所提到的基因變異、感染、發育異常，還有老化、噪音、頭部創傷等，都是常見的原因。

**Q 75 如何診斷感音型聽損？**

感音型聽損需進行氣導和骨導的純音聽力檢查才能診斷出來（詳見第59頁「純音聽力檢查篇」）。若氣導聽閾值和骨導聽閾值都超出正常範圍，且兩者相差在 10 分貝以內，就屬於感音型聽損。

**Q 76 感音型聽損對聽取聲音有什麼影響？**

感音型聽損對聽取聲音造成的影響如下：

(1) 察覺聲音的能力改變：聽力正常的人可以聽到很小的聲音，感音型聽損的人需要較大的聲音才聽得到。

(2) 可聽範圍變小：耳朵能察覺到的最小音量和能忍受的最大音量之間的範圍就是可聽範圍，又稱為聽覺動態範圍。例如：一個人最小能聽到 10 分貝的聲音，同時也能忍受演唱會高達 110 分貝的吼叫聲，這 10 分貝到 110 分貝的範圍（110－10＝100 分貝）就是他／她的可聽範圍。人耳能承受的最大音量略有不同，幾乎不會因聽損而改變，一般約在 120 分貝時就會引起耳朵疼痛。當聽損造成聽閾值提高，相對地可聽範圍就會變小（如圖 14）。

(3) 頻率解析的能力下降：簡單地說，就是聽清楚聲音的能力變差。當內耳毛細胞受損時，會無法辨別相近頻率的聲音，例如：兩個相近頻率的聲音同時出現，健康的耳蝸能感知到兩個不同的聲音，但受損的耳蝸就可能聽不出差別。頻率解析能力下降最直接的影響，就是在噪音環境中聽取語音的能力變差，因為噪音中部份的頻率與語音的頻率相近，所以感音型聽損者多半無法聽清楚語音而產生溝通困難。

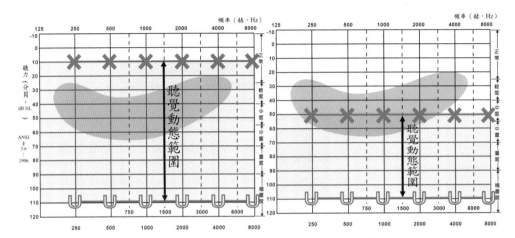

圖 14：聽覺動態範圍示意圖。左圖為聽力正常者的聽覺動態範圍；右圖為聽損 50
分貝者的聽覺動態範圍。圖中「✖」代表左耳在各個頻率能察覺到的最小音
量（聽閾值）；「U」代表各頻率能忍受的最大音量（不舒適閾值）。

(4) 時間解析的能力下降：時間解析能力指的是察覺聲音在一段時間
內的微小變化，例如：察覺一個持續的聲音當中是否出現斷斷續
續的現象、在背景噪音中察覺主要聲音訊號的變化等等。若時間
解析能力不佳，日常生活中可能會因為無法察覺句子中字與字之
間的短暫停頓而有理解的困難。又或者，當一個小的聲音出現在
一個大的聲音之前／之後，較小的聲音常因被遮蔽而無法被聽見。
在噪音中，聽力正常者可以在噪音變小的瞬間快速擷取語音訊息，
但感音型聽損者的聽取能力就很容易受到影響。

**Q77 感音型聽損會越來越嚴重嗎？**

不一定，聽力變化常與造成聽損的原因有關，例如：有前庭導水管擴
大症候群的人聽力較容易波動或逐漸下降（詳見第 31 頁該篇介紹），
而因 GJB2 基因變異造成的聽損則相對穩定。因此，一旦發現聽損，
建議進行完整的聽覺功能評估，並定期追蹤聽力情形。

# Q78 什麼是響音重振（Loudness Recruitment）？

響音重振是指不正常的響度知覺感受，主要發生在感音型聽損的個案上。由於可聽範圍變小，因此對聲音音量變化的感受與聽力正常者不同。舉例來說，若一位聽力正常的成人聽閾值為 10 分貝，比閾值大 10 分貝，也就是 20 分貝的聲音，對他來說有點小聲；比閾值大 40 分貝，也就是 50 分貝的聲音，對他來說剛剛好；比閾值大 70 分貝，也就是 80 分貝的聲音，對他而言就可能很大聲了。而對另一位聽損 70 分貝的人而言，比閾值大 10 分貝，也就是 80 分貝的聲音，對他來說可能剛剛好；比閾值大 40 分貝，也就是 110 分貝的聲音，就太大聲，受不了了（如圖 15）。

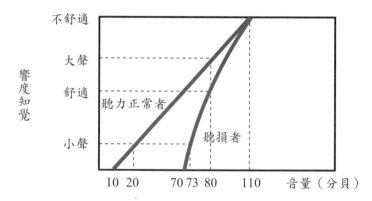

圖 15：響音重振示意圖。

# Q79 什麼是耳蝸死區（Cochlear Dead Region）？

不同位置的耳蝸毛細胞負責處理不同頻率的聲音。耳蝸死區是指耳蝸中某些區域的毛細胞完全沒有功能甚或不見，因此該區負責的頻率訊息就無法往上傳遞，即使提供極大的音量刺激也無法引起察覺反應。

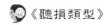

## 【聽神經病變譜系異常篇】

**Q80** 聽神經病變譜系異常是什麼？

 聽神經病變譜系異常（Auditory Neuropathy Spectrum Disorder, ANSD），是近二十年來聽力學診斷上的一個特殊發現。個案的臨床檢查結果呈現正常的外毛細胞功能及異常的聽性腦幹反應，最初被認為是聽神經異常，因此以聽神經病變（Auditory Neuropathy, AN）稱之。後來，為進一步強調是聽神經的功能異常，有學者建議改稱為聽神經病變／不同步（Auditory Neuropathy/Dys-synchrony, AN/AD）或神經型聽損（Neural Hearing Loss）。後續又發現聽神經功能正常但內毛細胞功能異常的個案也有相同的臨床檢查結果，為考量能涵蓋多元病理所造成此一特殊檢查結果，國際專家學者於 2008 年共識會議中提出使用聽神經病變譜系異常（Auditory Neuropathy Spectrum Disorder, ANSD）一詞。

**Q81** 如何診斷聽神經病變譜系異常？

ANSD 患者的外毛細胞功能正常但聽神經或內毛細胞功能異常，一般臨床診斷以同時出現下列兩項結果為依據：(1) 異常的聽性腦幹反應（ABR）；(2) 正常的耳聲傳射（OAE）或耳蝸麥克風反應（Cochlear Microphonics, CM）（詳見第 57 頁「耳聲傳射檢查篇」及第 75 頁「聽性腦幹反應檢查篇」）。

**Q82** 我的小孩被確診為 ANSD，他的 ABR 沒反應，ASSR 卻是 60 分貝。我該相信哪一種檢查結果？

 對 ANSD 而言，ABR 為主要確診工具，但無法預估聽閾值，沒有反應並不代表孩子沒有察覺聲音的能力。聽性穩定狀態誘發反應

（ASSR，詳見第 80 頁該篇介紹）一般常用來推估聽閾值，雖然也是記錄來自腦幹對聲音的反應，但可能較不依賴來自聽神經的同步功能，所以仍能獲得刺激反應。只是，目前為止的研究顯示 ASSR 的結果和 ANSD 患者的行為聽閾值相關性很低，因此不建議使用 ASSR 結果來預估孩子的聽閾值。想得知孩子對聲音的察覺能力，還是得透過行為聽力檢查。

**Q83** 什麼是聽覺皮質誘發電位檢查（CAEP）？對 ANSD 的診斷有何幫助？

**A** CAEP 是一種聽覺電生理檢查，多利用語音當刺激音，記錄受測者大腦聽覺皮質區的電位反應（詳見第 81 頁該篇介紹）。它並非 ANSD 的診斷工具，但可以協助了解 ANSD 患者對聲音接收的能力。

**Q84** 聽神經病變譜系異常的發生原因有哪些？

**A** 大致可分為以下幾種原因：

(1) 遺傳基因變異：近年來發現數個基因變異與 ANSD 有關。根據聽損基因檢體資料庫統計，國人有較多 OTOF 基因變異造成的 ANSD 案例。OTOF 基因主要負責製造 otoferlin 蛋白質，這種蛋白質大多分佈於內毛細胞，可能與神經傳導化學物質分泌相關。此外，罕見的遺傳性運動感覺神經疾病亦有造成 ANSD 案例。

(2) 先天性聽神經發育異常：部份聽神經發育異常的個案也會出現符合 ANSD 的檢查結果。這類個案通常可由耳部造影檢查（MRI）得知聽神經是否細小或未發育。

(3) 產程及產後因素：因病理性黃疸換血者、缺氧及極低體重早產兒等，有較高比率的 ANSD 案例。

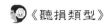

(4) 環境因素：病毒感染，如麻疹病毒及腮腺炎病毒都有 ANSD 案例，臨床上較多為單耳 ANSD。

(5) 不明原因。

**Q85 聽神經病變譜系異常的發生率為何？**

A 聽力診斷工具的進步加上近年來新生兒聽力篩檢的普及，ANSD 確診率因而逐年提高，一般推估每 100 位感音型聽損者約有 10 位是 ANSD。

**Q86 聽神經病變譜系異常的聽覺行為有什麼特殊的地方？**

A ANSD 和感音型聽損的聽覺行為有許多雷同之處，但最大的不同是：

(1) 聽力：有些個案聽力正常，但大部份個案有不同程度的聽損，其聽覺行為常有不一致的表現，因此患者在進行行為聽力檢查時，可能每次獲得的聽閾值都不同，甚至在檢查中對同一個聲音會出現時有時無的反應。

(2) 口語理解能力與聽損程度不相符：有些個案聽損程度很輕，但配戴輔具後，口語理解能力仍不盡理想。

(3) 噪音中聽取困難：特別容易受噪音的影響。有些口語發展不錯的患者在輕微的噪音環境中，就會出現顯著的聽取困難。

**Q87 我的寶寶確診為聽神經病變譜系異常，接下來該怎麼辦？**

A 建議及早進行以下評估及介入：

(1) 聽損成因檢查：基因檢測、耳部造影檢查等。

(2) 密集的聽力檢查：了解寶寶察覺聲音的能力以及聽覺行為的發展，作為輔具以及療育介入的參考（詳見附錄一：「嬰幼兒聽覺行為

檢核表」）。

(3) 跨專業的發展評估：包含全面性生理發展評估和語言及溝通能力評估，並視需要轉介至眼科或小兒神經科。

(4) 輔具評估：如果孩子有聽力損失，應及早介入輔具，並密集觀察輔具效益。

(5) 療育介入：療育單位對家庭提供溝通模式諮商、擬訂個別化家庭服務計畫並定期評估成效。

**Q88** 我的寶寶確診為 ANSD，需要使用助聽輔具嗎？

**A** 如果寶寶確定聽力正常，就不需要配戴助聽器，但進入團體學習時就要考慮使用調頻系統（詳見第 126 頁該篇介紹）以改善噪音中的聽取能力。如果確定有聽力損失，就應該配戴助聽器。因為 ANSD 兒童的聽閾值常無法在短時間內獲得一致的結果，所以助聽器的選配與調整需要較密集的專業評估以達到最佳效益。如果助聽器的效益不佳，則建議進行人工電子耳植入評估。

**Q89** ANSD 兒童使用助聽輔具的效果好嗎？

**A** 研究顯示 ANSD 兒童配戴助聽器後的效益有極大的個別差異，約有40%的兒童有良好的配戴效益，60%則無顯著效益。效益不佳的原因可能是因為時間解析能力受損較嚴重，而現代助聽器尚未能有效解決這個問題。

人工電子耳主要是取代內耳毛細胞的功能，因此除了聽神經發育不良的個案外，許多 ANSD 兒童能由人工電子耳獲得相當良好的效益，尤其是 OTOF 基因變異的個案。不過，仍有少數 ANSD 兒童無法經由任

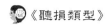

何輔具獲得效益，此類個案應儘早選擇適當的溝通模式，以避免影響兒童更多面向的發展。

## 【中樞聽覺處理異常篇】

**Q90 什麼是中樞聽覺處理異常？**

中樞聽覺處理異常〔(Central) Auditory Processing Disorder, (C) APD〕指中樞聽覺系統受損，因此在處理聽覺訊息的過程中產生缺失。由於中樞聽覺系統處理聽覺訊息的過程相當複雜，處理過程中常會與其他感官知覺共同運作，或需要大腦的認知、語言、記憶等功能的參與，因此患者雖然聽力正常，但常表現出不同程度及不同面向的聽覺行為問題，例如：無法辨識聲音的來源、無法聽取多項指令、無法記住訊息出現的順序、無法辨識較不完整的聲音訊息、在噪音中聽取困難、無法選擇性聆聽等。

**Q91 如何評估中樞聽覺處理異常？**

中樞聽覺處理的評估包含訪談及綜合測驗。訪談是為了了解個案完整的醫療史、教育史、聽覺症狀、平時行為表現、家長和老師的日常觀察等，完成訪談後再選擇適合的綜合測驗項目進行評估。綜合測驗包含電生理檢查和下列聽覺行為測驗：

(1) 評估時間處理的相關測驗：例如隨機間隔察覺測驗（Random Gap Detction Tests）評估是否能察覺聲音有間斷；音高型式序列測驗（Pitch Pattern Sequence Tests）則評估能否辨認出訊息的順序，例如：能夠辨識兩種不同音高聲音的順序組合（高低低、低高低、低高高……）。

(2) 雙耳異訊測驗（Dichotic Tests）：評估雙耳是否可以同時聽取不同的訊號，例如：受試者同時在左耳聽到「西瓜」、右耳聽到「草莓」的語音後，能正確複誦出「西瓜」和「草莓」。

(3) 單耳低冗贅度語音知覺測驗（Tests of Monaural Low-Redundacy Speech Perception）：評估是否能從不理想的語音訊號中擷取重要線索，例如：將語音訊號的部份頻率濾除、將音節拉長或壓縮、加入噪音等。

(4) 雙耳整合測驗（Binaural Integration Tests）：評估中樞聽覺系統能否將來自雙耳的訊息整合，例如：受試者同時在左耳聽到「ㄅ」、右耳聽到「ㄚ」的語音後，能正確說出「ㄅㄚ」。

(5) 辨位與側化測驗（Tests of Localization and Lateralization）：例如：評估在噪音中的音源辨位能力。

(6) 聽覺辨識測驗（Auditory Discrimination Test）：評估辨識聲音微小變化的能力，例如：聲音的大小、頻率或長短的變化。

**Q 92 中樞聽覺處理異常的發生率高嗎？**

中樞聽覺處理異常可能發生在任何年齡族群，學齡兒童的發生率可高達 3% 至 5%。

**Q 93 醫生說我的小孩聽力正常，可是他完全無法理解口語，也不會講話，這是中樞聽覺系統受損嗎？**

不一定。聽力正常但無法理解或表達口語的原因有很多，例如：自閉症、腦傷、認知困難、特定型語言障礙等，因此還是需要經過跨專業的評估才能找到原因。

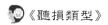

 **Q94** 我的小孩被診斷為 (C)APD，接下來該怎麼辦？

*A* 由於中樞神經系統的可塑性極高，及早進行適當的療育，中樞聽覺系統的功能就可獲得相當程度的改善。(C)APD 的療育方式與周邊聽損的療育方式截然不同，一般常用下列方式和策略：

(1) 環境調整：藉由環境的改善提升獲取訊息的能力，例如：降低環境中的噪音及迴響、教室座位選擇、視覺輔助、使用調頻系統、改變說話者的說話方式（放慢速度、停頓及強調關鍵字、改變陳述方式）、課程或評估方式的調整等。

(2) 直接修復技巧／聽覺技巧訓練：內容可包含聲音大小、頻率、長短、時間間隔、音素等的分辨、音素與字素的配對、時間序列、音源辨位／側化、噪音中的聽取、左右腦間訊息的傳遞和統整等。

(3) 補償策略：加強語言、記憶、注意等能力來改善其聽取、溝通及學習的成果。此外，動機及自我肯定也會影響介入的成功與否，因此心理層面的監督與管理也應包含在計畫中。

## 【單側聽力損失篇】

 **Q95** 兒童發生單側聽力損失的原因有哪些？發生率高嗎？

*A* 基因變異、腮腺炎、麻疹和小耳症都可能導致單耳聽力受損，但仍有很多單側聽損是原因不明的。文獻上對兒童單側聽損的發生率尚無一致結論，從 0.1% 到 2% 都有可能。

**Q 96** 單側聽損兒童的語言發展會受到影響嗎？

**A** 單側聽損兒童若沒有發展和環境因素的問題，大多可以有正常的語言發展。這也是為什麼很多單側聽損者都是在語言已經發展、就學或甚至成年後才被意外發現。不過，仍有少數單側聽損兒童有語言發展遲緩的情形。

**Q 97** 如果語言發展正常，就表示單側聽損不是問題嗎？

**A** 多數單側聽損兒童雖然沒有明顯的語言發展問題，但是在一些環境中仍會產生聽取的困難，例如：音源辨位、噪音中聽取等，而這些困難主要是因為無法享有雙耳聆聽的優勢（見下題）。有些人調適能力佳，有些人卻會產生疑惑、困擾、困窘或無助等負面情緒。另外，從學校調查中發現，單側聽損兒童留級率偏高、問題行為多、教育輔導需求大。

**Q 98** 雙耳聆聽有哪些優勢？

**A** 雙耳聆聽有下列幾項優勢：

(1) 兩耳同時接收聲音時，會覺得聲音比單耳聽起來大聲 3 分貝。雖然只有 3 分貝的優勢，卻可以增加 18%的字詞辨識率及 30%的句子辨識率。若說話者的音量提高，雙耳的優勢甚至可達到 10 分貝。

(2) 當聲音出現在左右其中一側時，兩耳所感受的音量是不同的，較靠近聲音的那一耳會覺得比較大聲，音量差異可多達 6 分貝至 10 分貝，這種現象稱作「頭影效應」。所以，若語音訊息來自受損耳那一側時，受損耳察覺能力不佳，同時好耳聽到的語音音量又

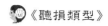

變小了，在理解上就可能產生重大影響。如果雙耳可同時聆聽，頭影效應對口語辨識的影響就不大了。

(3) 大腦可以利用聲音訊號到達兩耳的時間和音量的差異來辨別聲音的方向。在噪音下，大腦也會利用這樣的能力抑制噪音的干擾以利口語聆聽。

**Q 99 單側聽損兒童需要配戴輔具嗎？**

*A* 若聽力損失未超過重度，就應該考慮單耳配戴助聽器；若聽力損失超過重度，可考慮跨傳式助聽器或植入式輔具（詳見第 88 頁 Q159 與第 90 頁 Q161）來獲得雙耳聆聽的優勢。選配初期不容易觀察到助聽器的效益，因此需要較長的試戴期和多次的調整才能真正感受到助聽器的幫助。此外，在團體學習情境中都應該使用調頻系統以利噪音中的聆聽（詳見第 126 頁「調頻系統篇」）。

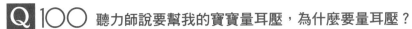

# 《聽覺功能評估》

## 【中耳功能檢查篇】

**Q100** 聽力師說要幫我的寶寶量耳壓，為什麼要量耳壓？

中耳腔內的壓力正常時應該跟中耳外的大氣壓力相當，此時聲音的能量最容易被傳送至內耳。測量耳壓主要是偵測耳膜在不同壓力時的運動狀態，進而了解中耳功能，這項檢查叫作「鼓室圖檢查」（如圖16）。因為中耳功能異常可能會影響聽力，因此從1970年代起，鼓室圖檢查便被列入常態性聽力檢查的一部份。

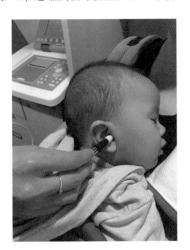

圖16：鼓室圖檢查。

**Q101** 耳壓怎麼測量？

利用中耳功能分析儀，將大小適當的耳塞放入外耳道，然後用不同的壓力來測量聲音能量傳遞的情形。當聲音能量最容易通過耳膜時，所

測量到的壓力值稱為尖峰壓力，簡單稱為耳壓（如圖17）。

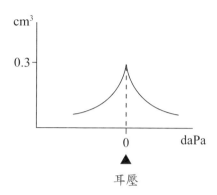

圖17：正常鼓室圖範例。

 **Q102** 聽力師說我的小孩中耳呈現負壓。什麼是負壓？該怎麼辦？

負壓指的是中耳腔的壓力低於中耳外的大氣壓力，所以當中耳出現負壓時，表示傳遞聲音能量的功能可能異常（如圖18）。感冒或上呼吸道感染常會造成耳咽管功能不佳（見第6頁 Q9），無法平衡中耳腔內外壓力，因此形成負壓。如果中耳長時間呈現負壓，就可能導致中耳積水進而造成聽力損失，因此必須密切追蹤中耳功能。

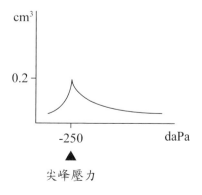

圖18：異常鼓室圖範例。此圖顯示中耳尖峰壓力為負壓。

**Q 103** 聽力師說我小孩的耳壓測不到是平的，那是什麼意思？

**A** 當中耳積水時，耳膜後的阻力會大幅增加，外耳道的壓力變化都無法
引起耳膜運動，因此鼓室圖就會呈現一條平線（如圖19）。另外，耳
垢嚴重堵塞或耳膜破洞也可能測不到耳壓。

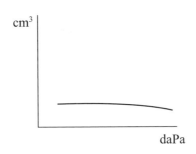

圖 19：異常鼓室圖範例。此圖顯示無法測得尖峰壓力。

**Q 104** 搭飛機的時候，耳朵常有悶塞感或疼痛感，是否和耳壓有關？

**A** 是的。當飛機上升或下降時，會因為大氣壓力的變化，造成中耳腔內
外壓力不同。此時，打哈欠、吞口水或嚼食口香糖都可促使耳咽管打
開，平衡中耳腔內外的壓力，減少不舒適的感覺。

**Q 105** 什麼是聽反射檢查（Acoustic Reflex Test）？

**A** 中耳腔內有兩條小肌肉分別連接聽小骨及耳膜，當有巨大聲響傳來
時，連接鐙骨的小肌肉會收縮以免過大的能量傷害內耳，這現象稱為
聽反射或鐙骨肌反射。聽反射傳遞的路徑是從中耳、內耳、聽神經、
腦幹，再傳至兩側的顏面神經引起鐙骨肌反射。在此路徑上，任何傳
遞的部位有問題，聽反射結果就會異常。聽反射檢查就是利用中耳功
能分析儀的刺激音引發聽反射，記錄引起反射的最小音量。

## Q106 為什麼要做聽反射檢查？

由於聽反射的路徑包括周邊聽覺系統、中樞聽覺系統和顏面神經，因此可協助診斷下列問題：

(1) 中耳功能異常。

(2) 聽力損失。

(3) 聽神經病變譜系異常。

(4) 耳蝸後病變。

(5) 中樞聽覺處理異常。

(6) 顏面神經異常。

## 【耳聲傳射檢查篇】

## Q107 什麼是耳聲傳射檢查（OAE）？

耳蝸有內毛和外毛兩種毛細胞；外毛細胞在處理聲音的機轉中，同時會產生另一個非常微弱的聲音，此聲音會經由中耳往外傳出，這個傳出來的聲音就是「耳聲傳射」。耳聲傳射可以是自發性或誘發性的產生，臨床都用誘發方式測量耳聲傳射。檢查時，會在外耳道放置一個非常精密的麥克風以收集微小的耳聲傳射。受測者要保持安靜不動，檢查室不能有噪音，才不會影響檢查結果，一般可以在五分鐘以內完成（如圖20）。

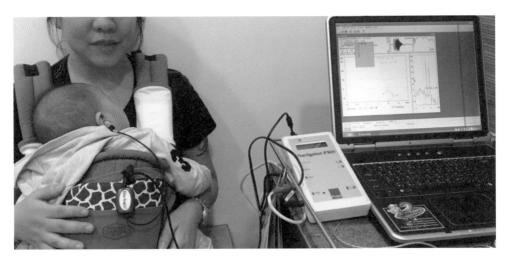

圖 20：耳聲傳射檢查。

**108 耳聲傳射檢查的結果代表什麼意義？**

沒有耳聲傳射表示外毛細胞功能不正常。外毛細胞功能如果不正常，
對聲音的靈敏度（聽力）和解析度（分辨能力）就會變差。不過，在
這裡要特別強調，耳聲傳射雖是檢測外毛細胞功能的有效工具，但仍
有下列解讀結果的限制：

(1) 我們無法由耳聲傳射的結果推測聽力。出現耳聲傳射不代表聽力
    正常，因為輕度聽損也可能出現耳聲傳射。如果外耳道和中耳功
    能正常，沒有耳聲傳射則代表有聽力損失，但無法推估聽力程度。

(2) 不正常的外耳或中耳狀況很容易影響耳聲傳射的檢查結果，例如：
    中耳積水或聽小骨斷裂、新生兒外耳道殘留羊水或胎脂、外耳道
    有太多耳垢等。因此，在進行耳聲傳射檢查前，必須先確認外耳
    和中耳的功能。

(3) 耳聲傳射檢查診斷的是外毛細胞的功能，任何外毛細胞後的聽覺

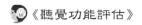

系統構造異常都無法藉由此項檢查被診斷出來，例如：聽神經病變譜系異常、聽神經細小、中樞聽覺處理異常等。

**Q109** 什麼時候需要做耳聲傳射檢查？

**A** 耳聲傳射檢查因為快速、方便，早期常被用來進行新生兒聽力篩檢，不過，因為它的轉介率高，加上前面提到的幾項限制，近年來已被自動聽性腦幹反應檢查（AABR）取代。如果要鑑別診斷內耳或內耳以上聽覺系統的問題，耳聲傳射檢查仍是完整的聽力評估當中必做的一項檢查。

## 【純音聽力檢查篇】

**Q110** 什麼是純音聽力檢查？

**A** 純音聽力檢查是常見的行為聽力檢查項目之一，由於檢查的刺激音以純音為主，因此被稱為「純音」聽力檢查。

**Q111** 為什麼要做純音聽力檢查？

**A** 由於日常生活中我們聽到的聲音（包括語音）多屬於數個不同頻率聲音組合成的複合音，並沒有單一頻率的聲音存在，只有透過純音聽力檢查，才可以得知受測者對不同頻率聲音的察覺能力。此外，純音聽力檢查還可以幫助我們了解受測者的聽損類型和程度，當作輔具選配和調整的依據。

**Q112** 什麼是顫音？什麼是窄頻音？什麼時候會用到這些刺激音？

**A** 顫音是指某單一頻率的聲音在其頻率前後範圍內快速連續出現的純音，窄頻音是過濾後的噪音；這兩種刺激音都保留了頻率特性。

在為年齡較小的兒童進行純音檢查時，因為單調的純音反覆出現會使兒童失去聆聽的專注力，因此可改用顫音或窄頻音，以維持兒童的注意力及興趣。

## Q113 什麼是氣導純音聽力檢查？什麼是骨導純音聽力檢查？

氣導純音聽力檢查指的是測試音經由空氣傳導的方式傳入耳朵，也是我們一般聽取聲音的方式。在聽檢時，利用頭戴式耳機、插入式耳機或聲場喇叭將測試音傳入耳朵。聽覺系統的氣導路徑為外耳→中耳→內耳→聽神經→大腦（如圖 21）。

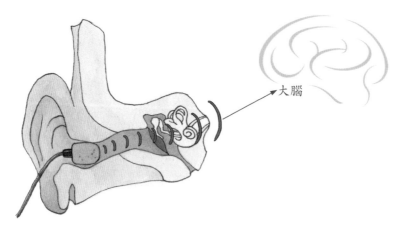

圖 21：氣導聽力檢查的傳導路徑。圖中使用插入式耳機。

骨導純音聽力檢查指的是聲音利用頭骨振動傳導的方式傳入內耳，檢查時將骨導振盪器放在乳突骨上，當振盪器送出的聲音能量使頭骨產生振動，進而引發內耳的淋巴液波動，產生聽覺。頭骨傳導聲音不會經過外耳及中耳，因此傳導路徑為頭骨→內耳→聽神經→大腦（如圖 22）。

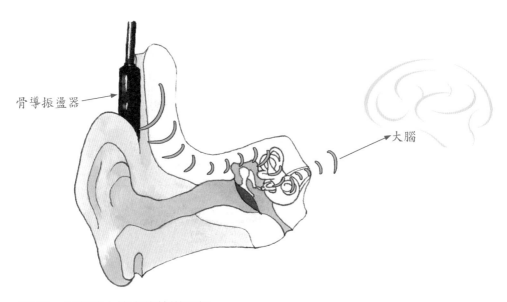

骨導振盪器

大腦

圖 22：骨導聽力檢查的傳導路徑。

氣導和骨導的傳遞路徑不盡相同。完成氣、骨導純音聽力檢查，可以幫助我們判斷造成聽力損失的位置在哪裡，進而知道聽力損失的類型。如果骨導檢查結果正常，但氣導結果異常，則表示有傳導型聽力損失。如果骨導檢查結果異常、氣導結果也異常，而且異常程度相同，則表示有感音型聽力損失。如果骨導及氣導結果都異常，但氣導結果比骨導結果還差，則表示有混合型聽力損失。

**Q 114 什麼是聲場聽力檢查？**

 純音聽力檢查需要受測者配戴耳機才能分別測得左耳與右耳的聽力，若是刺激音直接從聲場喇叭播放則稱為聲場聽力檢查。聲場聽力檢查用來檢測聽力時，無法得知是哪一耳的聽力反應；若兩耳聽力不同，只能反映出好耳的聽力。除非小朋友不願意戴耳機，聽力師通常會進

行分耳的純音聽力檢查，以獲得最完整的聽力結果。此外，聲場檢查也可用來了解個案在配戴助聽輔具後，聲音察覺能力改善的情形。

## Q 115 什麼是跨傳？

**A** 我們有兩個耳朵在接收聲音，因此在進行聽力檢查時，會使用氣導耳機分別檢查兩耳的聽力情形。當一邊耳機的音量達到一定程度時，就可能引起頭骨振動而將聲音傳到對側的內耳，使得對側耳聽到聲音，此一現象稱為跨傳。若兩耳聽力差異很大，在檢查壞耳時需要用較大聲的刺激音，因此很容易產生跨傳而讓好耳聽到，所測得的結果就不會是壞耳的真正聽力了。進行骨導聽檢時，因為是整個頭骨在振動，因此，不論骨導振盪器放置在哪一耳後方，聲音會同時傳至兩耳，無法得知分耳的聽力。

## Q 116 什麼是遮蔽？

**A** 如上題所述，在聽力檢查時，為避免跨傳造成檢查結果不正確，聽力師會視需要在好耳播放噪音，使得好耳無法聽到跨傳來的聲音，此過程就稱為遮蔽。由於受測者同時會聽到兩種聲音（施測音和遮蔽噪音），嬰幼兒較無法做出正確的察覺反應，因此遮蔽多施行在四、五歲以上的受測者。

## Q 117 純音聽力檢查為什麼要標示「信度」？

**A** 純音聽力檢查是一種主觀性檢查，需要受測者主動反應是否聽到測試音，但受測者可能受到諸多因素而影響其對聲音反應的一致性，導致檢查結果不正確，例如：有耳鳴的人做聽檢時，常因刺激音與耳鳴聲混淆，而出現反應不一致的情形；兒童在進行純音檢查時會因為哭

鬧、分心或注意力無法持續太久等因素，造成反應不一致。聽力師根據受測者反應的一致性決定檢查結果的可信度，作為聽力圖準確度的參考，通常信度用「佳／good」、「普通／fair」、「差／poor」來表示其參考價值。

 **Q118 什麼是聽閾值？**

 聽閾值（Hearing Threshold）指的是引起聽覺感受所需要的最小音量，也就是聽力圖上標記的聽檢結果。純音聽力檢查中，受測者對刺激音有一半以上出現察覺反應所需的最小音量定義為「純音聽閾值」（例如：五次中有三次或三次中有兩次正確反應）。聽閾值會受到受測者內在及外在的因素影響產生些微誤差。內在因素包括身體產生的聲音，例如：呼吸、心跳聲等；外在因素可包括氣溫變化、背景噪音等。一般來說，如果兩次測驗聽閾值相差在 10 分貝以內，屬於正常誤差範圍，不表示聽力有變化。

 **Q119 什麼是最小反應值？和聽閾值有何不同？**

嬰幼兒在進行聽力檢查時，對聲音的注意及反應行為，可能尚未發展成熟，施測者觀察到的行為並不是真正聽覺感受的最小值，因此以最小反應值（Minimal Response Level, MRL）標示。研究顯示，嬰幼兒在低頻率的最小反應值與實際聽閾值會有高達 15 分貝的差異。聽力師如果判斷當天的聽檢結果較偏向最小反應值，會在聽力圖上註明，以供家長、聽語老師及後續助聽器選配時參考。

**Q120 嬰幼兒進行純音聽力檢查的方式和成人一樣嗎？**

聽力師為成人進行純音聽力檢查時，通常只需要請成人專心聽，聽到

聲音以按鈕或舉手反應即可，但對發展還未成熟的嬰幼兒，就需要倚賴其他的行為檢查技術。嬰幼兒的純音聽力檢查方式主要有三種：

(1) 行為觀察法（Behavioral Observation, BO）：六個月以下的嬰兒，因為身體發展的限制，可能還不會有轉頭尋找聲源的能力，因此檢查時多依賴聽力師觀察嬰兒的行為反應，例如：停止或改變吸奶嘴的速度、張大眼睛、伸直四肢等。行為反應觀察的結果容易受到施測者主觀的影響，且所測得的結果通常為最小反應值而不是真正的聽閾值。

(2) 視覺增強法（Visual Reinforcement Audiometry, VRA）：六個月以上的嬰幼兒通常已發展出轉頭和部份辨識聲源的能力，因此較能配合視覺增強法的檢查。這個方法是當嬰幼兒聽到聲音出現察覺反應時，立刻給予視覺上的回饋作為鼓勵，通常是亮燈會旋轉的玩具，這樣可以增強幼兒持續注意聲音的行為。

(3) 制約遊戲法（Conditioned Play Audiometry, CPA）：兩歲或更大的幼兒，可以透過遊戲的方法完成檢查，進行的方式是教導幼兒聽到聲音就做出一個指定的行為，例如：將積木丟到桶子裡、將汽車放在軌道上滑下來等。

 **121 如何解讀純音聽力圖？**

純音聽力圖上有兩個重要座標，由上到下的縱座標代表聲音的音量大小，單位是分貝（dB HL），分貝數字越大代表聲音越大聲。橫向的座標代表聲音的頻率高低，單位是赫茲（Hz），越往右邊頻率越高，代表聲音聽起來較尖銳，往左邊則聲音漸低沉。右耳的聽閾值會以「○」畫記，左耳則以「×」表示（其他常見的聽檢符號見圖23）。

將「○」及「×」對照縱座標及橫座標上的數字就可得知左右耳在不同頻率的閾值。如圖 23 所示，「○」所對應的縱座標（左列數字）為 65 分貝、橫座標（上排數字）為 1,000 赫茲，我們就知道受測者的右耳在 1,000 赫茲的聽閾值為 65 分貝。再看「×」代表的左耳，則顯示受測者的左耳在 2,000 赫茲的聽閾值為 80 分貝。

 **Q 122　什麼是語言香蕉區？**

語言香蕉區指在一般對話情境下，語音分佈的頻率和音量範圍。一般對話語音的頻率分佈約介於 250 到 4,000 赫茲之間，而音量分佈大約在 30 到 60 分貝之間，所呈現的圖形像香蕉，所以稱為語言香蕉區，在聽力圖上多以灰色呈現（如圖 23）。

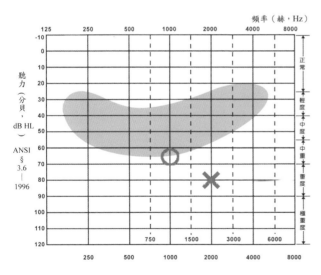

圖 23：純音聽力圖範例及聽力圖符號解釋（右）。

**Q 123** 聽力師告訴我，我的孩子平均聽力是 68 分貝，是怎麼算出來的？

純音聽閾的平均值一般都以 500、1,000 及 2,000 赫茲的聽閾值相加除以 3 來計算。如圖 24 所示，右耳在 500、1,000 及 2,000 赫茲的聽閾值分別為 30、95 及 105 分貝，因此平均聽力為 77 分貝，左耳則為 68 分貝。平均聽力雖然可以讓我們了解一個人的聽力損失程度，但若是在不同頻率間的聽力損失差異較大時，通常會加上聽力圖形的描述，以增加對該聽力損失的了解。如圖 24 所示，右耳聽力為輕度陡降至極重度聽力損失。

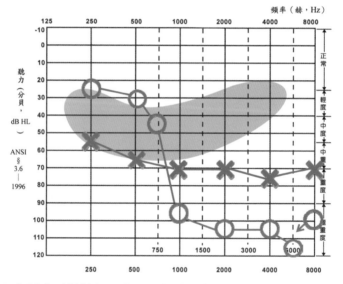

圖 24：純音平均聽力計算範例：右耳平均聽力為（30 ＋ 95 ＋ 105）/ 3 ＝ 77 分貝；左耳平均聽力為（65 ＋ 70 ＋ 70）/ 3 ＝ 68 分貝。

**Q 124** 聽力損失程度是如何劃分的？

不同國家及不同研究單位對聽力損失程度的劃分略有差異。目前臺灣

耳鼻喉科醫學會以 25 分貝作為正常聽力及聽力異常的劃分；美國聽
語學會則認為對小孩而言，聽力大於 16 分貝即可能影響語言發展，
因此對兒童的正常聽力範圍有較嚴格的認定。臺灣目前各大醫院採用
的聽損程度劃分如表 4。

| 純音聽閾值（分貝／dB HL） | 聽損程度 |
| --- | --- |
| 0～25 分貝 | 正常聽力範圍 |
| 26～40 分貝 | 輕度聽力損失 |
| 41～55 分貝 | 中度聽力損失 |
| 56～70 分貝 | 中重度聽力損失 |
| 71～90 分貝 | 重度聽力損失 |
| 91 分貝以上 | 極重度聽力損失 |

表 4：臨床聽力損失程度的分類。

**Q 125** 聽力師說我小孩的聽損程度是重度，為什麼他／她的身心障礙證
明是中度？

醫學上定義的是聽力損失程度，身心障礙證明的程度劃分，是以聽力
損失造成生活功能或活動參與的困難度來判定，基本觀點不同。醫學
上和身心障礙鑑定對聽損程度的劃分標準如表 5。

| | 醫學 | 身障鑑定 |
| --- | --- | --- |
| 認定標準 | 平均聽閾超過 25 分貝即有聽損。 | 雙耳整體障礙比率需達50%以上才符合申請資格。 |
| 計算頻率（Hz） | 500、1,000、2,000 | 500、1,000、2,000、4,000 |
| 聽損程度劃分 | 輕度（26～40 分貝）<br>中度（41～55 分貝）<br>中重度（56～70 分貝）<br>重度（71～90 分貝）<br>極重度（91 分貝以上） | 輕度（50%～70%）<br>中度（71%～90%）<br>重度（>90%） |

表 5：臨床聽損程度和身心障礙證明中聽覺障礙程度比較表。

**Q 126** 雙耳整體障礙比率是什麼？怎麼算出來的？

**A** 雙耳整體障礙比率是現行用來評估聽覺障礙程度的方法，計算方式是500、1,000、2,000及4,000赫茲這四個頻率的聽閾值加起來平均，所得結果減去25再乘以1.5%即為該耳的聽障比率。雙耳整體障礙比率的計算方式為好耳聽障比率乘以5加上壞耳聽障比率，所得結果除以6。舉例來說，某人右耳四個頻率平均聽力為87分貝，減去25得到62，62×1.5%＝93%（超過100%以100%計算），所以該耳的聽障比率就是93%。左耳四個頻率平均為90分貝，減去25再乘以1.5%所得聽障比率為97.5%。因此，該個案雙耳整體障礙比率為（93%×5＋97.5%）/6＝93.75%。雙耳整體障礙比率必須大於50%才能達到申請身心障礙證明的基準。

**Q 127** 無法進行純音聽檢的嬰幼兒，如何計算聽障比率？

**A** 無法完成分耳純音聽力檢查者，可採用聲場聽閾值或聽性腦幹反應閾值，無需計算聽障比率。好耳聽力閾值須達到55分貝以上才能達到申請證明的基準。

**Q 128** 不同聽損程度可能會造成的學習困難有哪些？

**A** 聽不到或聽不清楚聲音會造成不同程度語言發展的困難，而這些困難也會進一步影響心理健康、社會適應及學業表現。美國學者Anderson及Markin在1991年依據聽損程度整理出聽損兒童可能面臨的困難及需求，我們依其2007年版本修訂部份內容，簡述於表6至表9。

| 26～40 分貝輕度聽力損失 | | |
|---|---|---|
| 可能的聽取困難 | 可能的社會影響 | 可能的教育安置及服務需求 |
| ● 把食指塞入外耳道聽聲音相當於 20 分貝的聽力損失。輕度聽損的影響會比手指塞住耳道的效果還嚴重。<br>● 會遺漏小部份語音而導致誤聽。<br>● 即使配戴助聽器，學習表現仍會依教室的噪音程度、與教師的距離和聽力狀況而有所不同。<br>● 30 分貝的聽損可能會遺漏 25%至 40%的語言訊息。<br>● 40 分貝的聽損可能會遺漏 50%的課堂討論訊息，尤其是在講者聲音比較微弱且沒有面對面時。<br>● 當高頻聽損較多時，會遺漏聲母的部份。<br>● 在發展閱讀技巧時可能會感到困難。 | ● 負面的指責如：「只要他想聽才聽」、「常做白日夢」、「注意力不集中」，易發展出不良的自我形象。<br>● 可能因在教室中理解困難而覺得自己比較沒有能力。<br>● 因選擇性聽取及克服噪音干擾的能力降低，會覺得學習環境讓他／她有壓力。<br>● 可能因需要較多心力來聽取而容易疲累。 | ● 教室中的噪音可能使兒童無法完全接收到老師的指令。<br>● 可受益於助聽器及調頻系統。<br>● 需要較好的聆聽環境、位置及充足的光線。<br>● 需注意聽覺技巧、語言發展、讀話能力，提供閱讀及自信心建立的支持性服務（需要的程度與早期介入的成效有關）。<br>● 提供老師在職訓練，使其了解輕度聽損對兒童在聽取及學習上的影響比一般預期來得高。 |

表 6：輕度聽力損失可能造成的影響。

| 41～55 分貝中度聽力損失 | | |
|---|---|---|
| 可能的聽取困難 | 可能的社會影響 | 可能的教育安置及服務需求 |
| ● 在六個月大前開始持續使用助聽輔具並接受早期介入，可發展出與聽常兒童相似的口語及語言。<br>● 沒配戴助聽輔具時，在 1 至 1.5 公尺的距離可聽懂熟悉的句子。<br>● 40 分貝的聽損可能會遺漏 50%的語言訊息。50 分貝的聽損可能會遺漏 80%以上的語言訊息。<br>● 若沒有及早配戴助聽輔具，兒童可能會有語法發展遲緩或錯誤、語彙量少、語音不太清晰、語調較平坦的情形。<br>● 當出現語言遲緩或合併其他障礙時，可能需要視覺溝通系統來輔助聽取。<br>● 即使配戴助聽器，在吵雜或回音大的教室中，仍會遺漏許多語音訊息，影響學習。<br>● 需使用調頻系統克服教室距離及噪音的問題。 | ● 負面的指責如：「只要他想聽才聽」、「常做白日夢」、「注意力不集中」，易發展出不良的自我形象。<br>● 如果不配戴助聽器，中度聽損可能造成顯著的溝通困難。<br>● 與同儕社交可能產生困難，特別在噪音環境中，例如：合作學習、下課、用餐時。<br>● 兒童可能因需要較多心力來聽取而容易疲累。 | ● 需使用助聽器和調頻系統。<br>● 需要較好的聆聽環境、位置及充足的光線。<br>● 聽損兒童專家介入諮商與整合服務是很重要的。<br>● 早期介入的成功可避免語言遲緩。若語言遲緩或學業落後，則需提供相關支持性服務。<br>● 需注意口語、閱讀、書寫技巧及聽覺技巧發展。提供語言治療及自信心建立的支持性服務。<br>● 需提供老師關於如何增進兒童溝通及同儕接納的在職訓練。 |

表 7：中度聽力損失可能造成的影響。

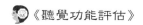

| 56～70 分貝中重度聽力損失 | | |
| --- | --- | --- |
| 可能的聽取困難 | 可能的社會影響 | 可能的教育安置及服務需求 |
| • 即使配戴助聽器，在一對一或團體互動中仍會遺漏部份字詞，導致口語溝通困難。<br>• 沒配戴助聽輔具時，55分貝的聽損可能會遺漏100%的口語訊息，說話者要很大聲才能聽懂。<br>• 如果不是在一歲前發現並開始介入，可能會發生語言遲緩、語法錯誤、語音不清晰、語調較平坦的情形。<br>• 開始配戴助聽器的年齡、持續使用助聽器的習慣、早期介入等因素，與口語、語言及學習發展成功與否高度相關。<br>• 當出現語言遲緩或合併其他障礙時，可能需要視覺溝通系統來輔助聽取。<br>• 只戴助聽器時，兒童在教室中聽理解的能力會因距離及噪音急遽下降，因此需使用調頻系統。 | • 如果聽損較晚發現且造成語言發展遲緩，與同儕的溝通將受到嚴重影響。<br>• 會有較多的社交困難，尤其在噪音環境中，如：合作學習、下課、用餐時。<br>• 容易產生社會化不成熟及不佳的自我概念，因此產生排斥感，班級宣導對此情形會有幫助。 | • 必須全天候、持續使用助聽器和調頻系統。<br>• 可能需要密集的聽力、語言、口語溝通、閱讀、書寫技巧、寫作技巧發展等支持性課程。<br>• 聽損兒童專家介入諮商與整合服務是很重要的。<br>• 若有嚴重的語言發展遲緩或其他學習需求，使用手語或視覺溝通系統可能會對語言發展有助益。<br>• 通常需要筆記抄寫、字幕等輔助服務。<br>• 需要提供老師在職訓練。 |

表 8：中重度聽力損失可能造成的影響。

| 71 分貝以上重度及極重度聽力損失 | | |
|---|---|---|
| 可能的聽取困難 | 可能的社會影響 | 可能的教育安置及服務需求 |
| ● 越早持續配戴助聽輔具並由父母及照顧者從每日的活動中提供豐富的語言及密集的互動，兒童就有越大的機會發展出與聽常兒童相似的口語、語言及學習能力。<br>● 沒配戴助聽輔具時，71 至 90 分貝的聽損兒童可能只能聽到距離耳朵 30 公分的大聲響。<br>● 當使用助聽輔具時，聽損未超過 90 分貝，應能察覺大部份近距離的語音，但通常無法察覺全部的高頻率語音而影響辨識。大多無法有隨機聽取的能力。<br>● 個別能力及在六個月大前開始密集的介入將決定辨別聲音及大腦理解聲音的表現。<br>● 聽損超過 70 分貝就可考慮植入電子耳。<br>● 使用手語或口手語的家庭成員應儘早融入兒童的溝通模式。 | ● 兒童語言發展及溝通能力受影響的程度依介入的成功與否而定。<br>● 與聽力正常同儕社交可能困難。<br>● 兒童在教室中可能因無法完全理解口語溝通而較依賴成人。<br>● 可能因為溝通容易而較喜歡和聽損同儕互動。<br>● 與聽損同儕或成人建立關係可發展出較健康的自我概念及文化認同。 | ● 沒有任何一種溝通系統適用於所有聽損兒童及其家庭。不論是採用視覺溝通或聽語溝通模式，全天候、持續使用助聽輔具並在六個月大前家庭成員即持續地融入溝通，可有較高的機率使兒童成為成功的學習者。<br>● 六個月大之後才發現的聽損兒童將可能有語言發展遲緩，所造成的語言差距較難以克服。這些因聽力造成語言遲緩的兒童，其教育服務計畫須有專業聽損兒童教師／諮商師的介入。<br>● 依聽力損失圖形及個別語音聽知覺能力，可考慮使用移頻助聽器或植入人工電子耳以接收更多的語音。<br>● 若是採用聽語溝通模式，需早期進行聽覺技巧訓練、口語及語言概念發展訓練。<br>● 若是選擇手語溝通模式，教育安置要選擇手語學習及溝通環境較豐富的特殊學校或班級。 |

表 9：重度及極重度聽力損失可能造成的影響。 （接下頁）

| 71 分貝以上重度及極重度聽力損失 | | |
|---|---|---|
| 可能的聽取困難 | 可能的社會影響 | 可能的教育安置及服務需求 |
| | | ● 必須提供支持服務及持續評估溝通及理解口語指令的能力。<br>● 筆記抄寫、字幕等其他視覺輔助服務是必須的。<br>● 需要提供普通班老師在職訓練。 |

（續）表 9：重度及極重度聽力損失可能造成的影響。

## 【語音聽力檢查篇】

### Q 129 什麼是語音聽力檢查（Speech Audiometry）？

語音聽力檢查就是以標準化的語音、字詞或句子為測試材料所進行的聽力檢查。施測材料可以使用錄音系統或麥克風現場播音，再經由校準過的聽檢儀器播放。常見的語音聽力檢查主要測得兩種不同語音聽取能力：(1)語音察覺或語音接收閾值；(2)字詞或句子的辨識正確率。前者可以知道聽取語音所需的最小音量，後者可以了解在不同施測情境下聽清楚字詞或句子的能力。

### Q 130 為什麼要進行語音聽力檢查？

雖然語音聽力檢查無法像純音聽力檢查知道受測者各個頻率的聽閾值，但是語音聽力檢查更能反映受測者在日常生活中可能面臨的溝通困難，進而評估是否需要使用助聽輔具或使用後的效益。此外，語音聽力檢查還可用來交叉驗證純音檢查的可信度、協助病灶診斷及運用在聽覺復健管理上。

## Q 131　什麼是語音察覺閾？為什麼要做此檢查？

察覺語音所需的最小音量就稱為語音察覺閾（Speech Awareness Threshold, SAT, Speech Detection Threshold, SDT）。施測時，可利用具有不同頻率特性的語音（例如：婦聯五音「ㄋ」、「ㄨ」、「ㄦ」、「ㄚ」、「ㄙ」）來交叉驗證純音檢查的結果或是評估助聽輔具的效益。對嬰幼兒、檢查配合度不佳或有認知困難的受測者，常需要變化語音的類型以引起他們的注意，提升檢查的可信度，並了解其聽覺能力。

## Q 132　什麼是語音接收閾？為什麼要做此檢查？

使用有意義的字詞作為施測材料（例如：葡萄、月亮），受測者能正確複誦或指認達 50% 所需的最小音量稱為語音接收閾（Speech Reception/Recognition Threshold, SRT）。一般而言，語音接收閾值應與純音檢查的平均閾值（500 Hz、1,000 Hz 及 2,000 Hz）相差在 6 分貝內。但如果高低頻聽閾值差異大，例如：陡降型聽損，則語音接收閾與純音平均閾值相差可達 7 至 12 分貝。另外，聽神經病變譜系異常和中樞聽覺處理異常者的語音接收閾，也可能出現與純音聽閾值不一致的結果。

## Q 133　什麼是字詞辨識率？為什麼要做此檢查？

受測者以複誦、指認或書寫的方式回應所聽到的字詞，計算答對的百分比，即為字詞辨識率（Word Discrimination Scores, WDS, Word Recognition Scores, WRS）。聽力師進行測驗時，會根據受測者的詞彙和認知能力，選擇適當的測驗工具，使結果能真正反映其能力。

常見字詞辯識率的運用如下：

(1) 評量聽損對聽取語音的影響。

(2) 預測／評估／比較助聽輔具的效益。

(3) 了解不同情境下的語音聽取能力，例如：安靜或噪音情境等。

(4) 擬定或修正聽覺復健目標或策略。

(5) 人工電子耳術前術後評估。

(6) 協助病灶／功能性聽損的診斷。

婦聯聽障文教基金會的聽力師每半年會為會內兒童安排一次字詞辨識檢查（語音聽知覺評估），以了解孩子字詞辨識能力的發展，作為助聽輔具效益及教學計畫的參考。

# 【聽性腦幹反應檢查篇】

**134** 什麼是聽性腦幹反應檢查？

我們的聽覺系統接收到外來刺激時會產生電位反應，聽性腦幹反應檢查（Auditory Brainstem Response, ABR）就是記錄來自聽神經和腦幹的電位反應。在檢查時，受測者必須保持安靜不亂動，以避免影響檢查結果，因此嬰幼兒多要在睡覺時進行檢查，如果無法自然入睡，則需使用鎮靜藥物。臨床上為了方便說明，有時會用「睡覺的檢查」來代替「聽性腦幹反應」這個陌生的名詞。

**135** ABR 怎麼測試？

ABR需在無電波干擾的檢查室進行。當小朋友睡著或是安靜躺下後，聽力師會先擦拭要記錄電位反應的部位（例如：額頭、耳垂等），然

後貼上電極片（如圖 25）。如果是進行氣導檢查，則使用插入式或頭戴式耳機給予聲音刺激；如果是進行骨導檢查，則使用骨導振盪器。

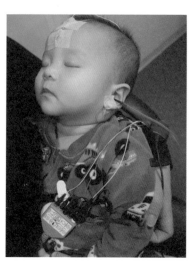

圖 25：聽性腦幹反應檢查。

 136 ABR 檢查可以告訴我們什麼？

ABR 檢查最主要有兩個目的：一是預估聽閾值，一是協助診斷。ABR 的波形有幾個比較明顯的波峰，會隨著刺激音的音量降低而變小並延遲出現。其中波峰最明顯且最後消失的是第五波（如圖 26），所以第五波出現的最小音量被定義為 ABR 閾值，其與純音閾值的相關性可見下一題說明。

在適當音量下，ABR 波峰出現與否、出現的時間、氣骨導差等，可以協助我們了解聽覺損傷的位置。由於外耳和中耳問題會影響 ABR 結果，所以在進行檢查前，一定要先確認外耳及中耳的狀況。

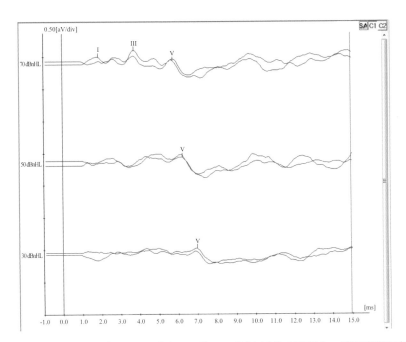

圖 26：ABR 檢查結果範例。圖中標示「V」的波峰為第五波，隨著刺激音量降低
（如縱軸數字所示），可以看出第五波出現的時間（橫軸）延遲，且波幅
變小。

如果檢測時改變一些檢查參數[3]，並配合耳聲傳射檢查，還可以幫助
我們診斷聽神經病變譜系異常。

**Q 137** 什麼是分頻 ABR？為什麼要做分頻 ABR 檢查？

**A** ABR的刺激音分為寬頻的短聲（click）以及有頻率特性的短暫爆裂音
（tone burst）。Click-ABR 檢查所得到的聽閾值與純音 2,000 到 4,000

---

3  改變檢查參數主要是為了偵測是否有耳蝸麥克風（Cochlear Microphonics）存在。耳蝸麥
克風是一種電位反應，由耳蝸的外毛細胞產生。常見聽神經病變譜系異常的典型 ABR 波
形為——在大聲刺激音量時未見有第五波反應，但卻能記錄到耳蝸麥克風，顯示外毛細胞
功能正常，但神經表現異常。

赫茲的閾值接近，但無法反映低頻率的聽力程度。Tone-burst ABR（TB-ABR）有頻率特性，能測得不同頻率的ABR閾值，所以稱為分頻ABR。對於無法進行純音聽力檢查的受測者，可進行分頻ABR檢查來預估各頻率的聽力程度。

**Q 138** ABR 在 100 分貝都沒反應是代表聽不到任何聲音嗎？

 不是的！但的確有極少數的人是聽不到任何聲音的，例如：聽神經未發育的人。一般而言，ABR 在 100 分貝沒有反應有以下幾種可能：

(1) 研究顯示，ABR 閾值與行為聽檢閾值的差距可達 10 分貝或更多，所以 100 分貝沒有反應僅能表示在 100 分貝未測得電位反應，並不表示聽不到 100 分貝或更大的聲音。

(2) ABR 閾值與純音聽檢的高頻率閾值接近，但無法反映低頻率聽力，因此 100 分貝沒有反應只能推估「高頻率」的聽力可能在重度以上。

(3) ABR 檢查呈現的是聽神經的電生理反應，當聽神經有任何病變或訊號無法有效傳遞至聽神經，ABR 檢查便會呈現異常結果，但不一定能反映出聽力程度。

**Q 139** 如果做了 ABR，還需要做行為聽力檢查嗎？

一定要的！ABR只能推測聽力的程度，還需要與行為聽力檢查和其他的聽檢工具交叉驗證，才能得到完整的聽力結果。

**Q 140** 為什麼同一段時間在不同醫院做的 ABR 結果不一樣？

可能的原因如下：

(1) 每家醫院使用的刺激音參數及記錄參數不同。

(2) ABR 波形的主觀判讀標準不同。

(3) 聽檢室電波干擾的程度。

(4) 受測者檢查時的安靜狀態。

(5) 人為操作誤差，例如：電極與皮膚接觸阻抗過高、耳機配戴等因
素。

**Q 141** 我的小孩在兩個月大時做過ABR，他現在五個月了，需要再做一次 ABR 嗎？

**A** 如果兩個月大時的 ABR 結果正常，且後續行為聽檢正常，或聽覺行為發展無異常，則不需再做 ABR 檢查。反之，如果 ABR 結果異常，不管行為聽檢結果如何，都建議再做一次 ABR。

**Q 142** 感冒會影響 ABR 的檢查結果嗎？

**A** 可能會。由於 ABR 檢查大多採用氣導檢查方式，如果感冒造成中耳功能異常的話，就不利刺激音的傳遞，得到的 ABR 結果可能會造成誤判。因此，在進行 ABR 檢查前，聽力師都會進行鼓室圖檢查，確認中耳功能正常才施測。

**Q 143** 我的小孩做過 AABR 檢查，為什麼還要再做 ABR 檢查？

**A** AABR 和 ABR 都是記錄聽覺電生理反應的工具，但 AABR 是用電腦自動判讀的聽力篩檢工具，而 ABR 是聽覺功能的診斷工具。臺灣目前使用 AABR 進行新生兒聽力篩檢，通過的標準為 35dB nHL。如果 AABR 不通過，新生兒就會被轉介至確診醫院進行完整的聽力評估，包括 ABR 檢查。

## 【聽性穩定狀態誘發反應檢查篇】

Q144 什麼是聽性穩定狀態誘發反應檢查？

聽性穩定狀態誘發反應檢查（Auditory Steady-State Response, ASSR）也是一種聽覺電生理檢查。ASSR 與 ABR 都是記錄來自聽神經和腦幹的電位反應，測試環境、方式、條件也都相似。但不同的是，ASSR 是用連續的純音為刺激音誘發出電生理反應，因此具有頻率特性。此外，ASSR 依靠電腦統計軟體自動分析記錄到的反應，而不像 ABR 是由聽力師判讀的。

Q145 做過 ABR 檢查還要做 ASSR 檢查嗎？

如果是為了要診斷聽覺系統的功能，就不需要做 ASSR 檢查。如果是為了預估聽力，則需要做 ASSR 或分頻 ABR 檢查。

Q146 ASSR 有哪些優點和限制？

優點：

(1) 刺激音具頻率特性，可用來預估各頻率的聽閾。

(2) 刺激音音量比 ABR 高，可達 120 分貝，因此對重度至極重度聽損的人而言，可提供詳細的客觀資料。

(3) 雙耳可同時施測。

限制：

(1) 對於正常聽力至輕度聽損者，ASSR 所預估的聽閾值與行為聽檢閾值誤差大，常高於實際聽力。

(2) 無法用來作為病灶診斷的工具。

(3) 施測時間比較長。

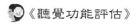

## 【聽覺皮質誘發電位檢查篇】

**Q 147** 什麼是聽覺皮質誘發電位檢查？

聽覺皮質誘發電位檢查（Cortical Auditory Evoked Potential, CAEP）與 ABR 相似，都是藉由聲音刺激來誘發聽覺電位反應的電生理檢查。與 ABR 不同的是，CAEP 主要記錄來自大腦聽覺皮質區的電位反應，施測時受測者必須保持清醒。

**Q 148** 為何要做 CAEP？有何優點？

(1) CAEP 產生反應的來源是大腦，也是我們聽覺系統的終站。由於可使用語音作為刺激音、反應波容易判讀且不需受測者主動反應，因此有助於嬰幼兒或無法執行行為聽檢的個案進行輔具驗證。

(2) 對於 ABR 沒有反應的 ANSD 個案，可以協助了解其聽覺處理及語音接收的能力。

(3) 可利用電腦統計協助判讀反應波，增加信度。

**Q 149** CAEP 需要像 ABR 一樣灌藥嗎？

不需要灌藥，只需要保持清醒安靜的狀態。檢查時常用玩具或無聲動畫吸引孩子注意以保持穩定狀態。施測時間約一個半小時到兩個小時（如圖 27）。

圖 27：CAEP 檢查。施測時，兒童觀賞無聲動畫影片。

**Q150** CAEP 使用哪些語音當施測音？

常用/m/、/g/、/t/ 三個分佈在低、中、高不同頻率範圍的語音當測試音。刺激音量以 55dB SPL 代表輕聲、65dB SPL 代表一般說話音量及 75dB SPL 代表大聲說話。

**Q151** 如果 CAEP 沒有反應就代表寶寶沒聽到聲音嗎？

一般而言，當刺激音高於行為聽閾值 20 分貝時，就會出現明顯的 CAEP 反應。因此，CAEP 沒有反應，可能表示：(1) 寶寶的聽力在中重度以上；(2) CAEP 反應被肌肉活動引發的噪音干擾導致無法被辨認出，例如：腦性麻痺。

# 《聽覺輔具》

## 【認識助聽器篇】

 152 助聽器的主要組成元件有哪些？

助聽器簡單地說，就是一個迷你的聲音擴大機，主要組成元件有「麥克風」、「擴大器」和「接收器」。「麥克風」負責將四周的聲音收集進來轉換成電能，接著由「擴大器」將聲音的能量放大，最後再透過「接收器」（常被稱為喇叭）將電能轉回為聲能，傳至耳朵（如圖28）。

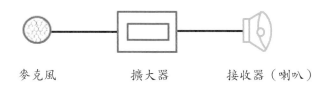

麥克風　　　　　擴大器　　　接收器（喇叭）

圖 28：助聽器的組成元件。

 153 助聽器可分為哪些類型？

助聽器的類型如表 10。

| 類型 | 適用聽損程度或對象 | 圖例 |
|---|---|---|
| 耳內型 | 輕度至重度。 | |
| 耳道型 | 輕度至中重度。 | |
| 深耳道型 | 輕度至中度。 | |
| 耳掛型 | 需連接耳模，適用各種聽損程度。 | |
| 口袋型 | 適合手指動作較不靈活的各種程度聽損者。 | |
| 骨導型 | 無法使用以上類型助聽器的聽損者，例如：小耳症患者。 | |

表 10：依配戴方式劃分的助聽器類型。

**Q 154** 為什麼聽力師都建議兒童配戴耳掛型助聽器？

**A** 有下列幾個原因：

(1) 外耳道的發育要到 10 歲左右才會接近成人大小。使用耳內型或耳道型助聽器會因耳道變大而需更換新的機殼，若使用耳掛型助聽器則只需更換耳模，較為經濟。

(2) 當助聽器送修時，使用耳掛型助聽器的兒童仍可使用自己的耳模連接借用的助聽器，不會面臨沒有輔具的困境。

(3) 耳掛型助聽器因麥克風與擴大器的距離較大，不易產生回饋音，所以有較多的調整彈性。

(4) 耳掛型助聽器大多可與調頻系統相容。耳內或耳道型助聽器如在訂製時沒有提出需求，多半無法與調頻系統相容。

(5) 兒童較不會自行照顧輔具，體積小的助聽器容易遺失或被誤食。

**Q 155** 助聽器有哪些功能是特別為兒童設計的？

**A** (1) 音量、程式鎖：避免因誤觸而使音量忽大忽小（如圖 29）。

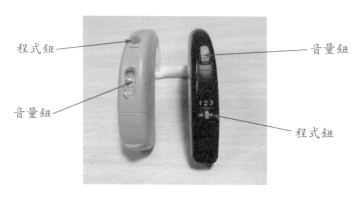

圖 29-1：助聽器的音量或程式鈕。

圖 29-2：助聽器的音量或程式鈕可藉由選配軟體鎖住。

(2) 電池鎖：避免電池不小心掉出，或被小孩取出誤食（如圖 30）。

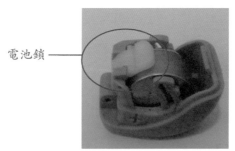

電池鎖 ——

圖 30：電池鎖（如圓圈處）。

(3) 兒童耳鉤：適合尺寸較小的耳朵，使助聽器更服貼（如圖 31）。

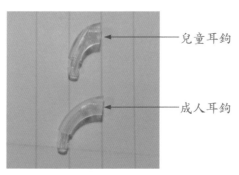

—— 兒童耳鉤

—— 成人耳鉤

圖 31：助聽器可選擇使用兒童耳鉤（圖上）或成人耳鉤（圖下）。

(4) 警示燈：可幫助成人監控兒童的助聽器是否仍有電（如圖 32）。

圖 32：部份助聽器有電量顯示警示燈。

 156 什麼是數位助聽器？

 數位助聽器使用類比數位轉換器將聲音以數位方式處理分析，除調整彈性高、處理速度快、有多種聲音處理策略，例如：噪音消除、回饋音消除、語音加強等，還能儲存多個聆聽程式，以滿足生活情境中的聆聽需求。

Q 157 政府補助的助聽器分為 A、B、C 三款，有哪些差別？

A 三款助聽器的說明如下：

(1) A 款：口袋型助聽器。

(2) B 款：採類比方式處理聲音訊號或手調的數位式助聽器。手調數位式助聽器指聽力師仍使用手動方式來調整助聽器設定，但助聽器採數位方式處理聲音。

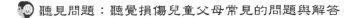

(3) C款：採數位方式處理聲音訊號，並符合至少四種規定的功能／規格。

除了上述型態的不同外，還有補助金額的不同。助聽器補助基準內容

詳見網站：http://repat.sfaa.gov.tw/system/subject/inside_02.asp。

**Q 158　什麼是強力型助聽器？**

**A** 強力型助聽器指的是能提供較大增益量的助聽器，通常適合重度至極重度的聽損者使用。強力型助聽器的體積和電力需求都較大，多使用較大顆的 675 號電池。

**Q 159　什麼是骨導助聽器？什麼是植入式骨導助聽器？嬰幼兒可以植入嗎？**

**A** 骨導助聽器指放大後的聲音不經由外耳及中耳，而是透過頭骨振動傳遞至內耳的助聽輔具（見第 84 頁表 10 之「骨導型助聽器」），所以配戴的方式不同於耳掛或耳內型助聽器，構造也略有不同。骨導助聽器除了與一般助聽器一樣，有麥克風及擴大器外，還有一個放置在乳突骨的振盪器，將放大的聲音利用頭骨振動方式傳至內耳。

植入式骨導助聽器（Bone-Anchored Hearing Aid，BAHA，如圖 33）需手術植入一個鈦金屬固定器於耳後方的頭骨上，外端再與聲音處理器相連接，其音質及舒適度較傳統骨導助聽器佳，但價格高出許多。嬰幼兒因頭骨尚在發育中，一般建議七歲後再植入，尚未植入前，可使用專用軟帶（Softband）將聲音處理器固定（如圖 34）。

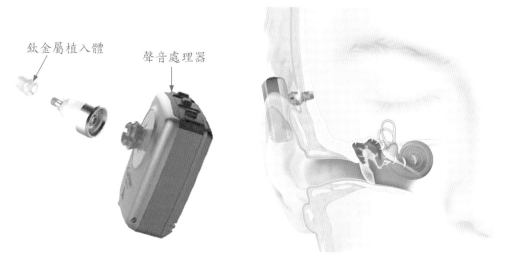

鈦金屬植入體　聲音處理器

圖 33：植入式骨導助聽器。左圖為 BAHA 組成元件，右圖為聲音的傳遞路徑。（感謝澳洲科利耳公司 Cochlear Co. 提供圖片）

圖 34：植入式骨導助聽器專用軟帶（Softband）。

## Q160 什麼是耳道開放式助聽器？適合小孩嗎？

耳道開放式助聽器使用開放式耳塞及較細的耳管連接耳掛式助聽器（如圖35），適合低頻聽力佳但高頻損失較嚴重者。傳統耳掛式助聽器使用密實的耳模，容易造成悶塞感，自己的說話聲也變得很大聲，耳道開放式助聽器則可改善這些問題。不過，因為細耳管及開放式耳塞的固定性不如傳統耳模，較不建議嬰幼兒使用。

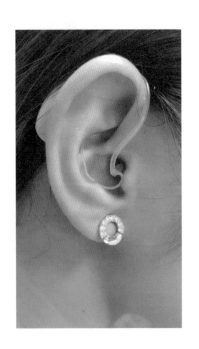

圖35：耳道開放式助聽器。

## Q161 什麼是跨傳式助聽器？

跨傳式助聽器的麥克風、擴大器及接收器配置在不同耳，適用於一耳聽力幾乎無法經由助聽器得到效益者。麥克風及擴大器配戴在壞耳，再藉由有線或無線的傳輸方式將聲音傳送至好耳所戴的接收器（如圖

36）。因此，若語音訊號來自壞耳那一側，跨傳式助聽器就可以幫助好耳接收到來自壞耳側的聲音以改善聽取。

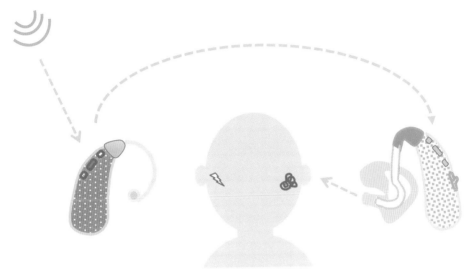

圖 36：跨傳式助聽器。

 **Q 162** 助聽器的壓縮頻道是什麼？越多頻道就越好嗎？

*A* 聽損者因為聽力損失，造成聽取聲音的動態範圍變小；為了避免放大的聲音超過聽者的忍受限度，助聽器使用壓縮技術，將放大的聲音壓縮至聽損者的動態範圍內，讓聽損者隨時保持最佳聆聽狀態，使得小的聲音聽得到、一般說話聲音聽得清楚、大的聲音不會造成不舒服。當聽損者不同頻率的聽損程度不同時，其各頻率所需的增益量也會不同。助聽器可依使用者的需求將聲音的頻率範圍切分為多個頻帶（band），以調整符合個案需求的增益量。每個頻帶的聲音壓縮可獨立調整，或幾個頻帶共用一個壓縮調整／頻道（channel），壓縮調整數即為該助聽器的壓縮頻道數（如圖 37）。頻道越多，調整的彈性就越高；一般來說，各頻率聽損差異很大的人需要較多頻道。

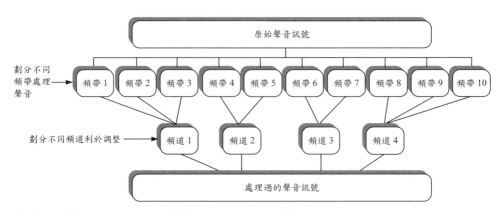

圖 37：頻帶（bands） vs. 頻道（channels）示意圖。

## Q163 什麼是噪音抑制？

助聽器利用噪音抑制功能將環境中的噪音消除或降低；不同的助聽器公司發展出不同的運算公式或處理模式來達成噪音抑制的效果。研究顯示，噪音抑制功能可改善成人聽損者在噪音情境下的聆聽舒適度，但對嬰幼兒來說，環境中非語音的聽取對於環境的認識及認知的發展十分重要，因此不一定會啟用此功能。

## Q164 什麼是方向性麥克風？適合嬰幼兒嗎？

助聽器麥克風依收音範圍大致分為「全方向性」和「方向性」兩種：「全方向性」麥克風將四面八方的聲音都接收，「方向性」麥克風則只接收特定範圍的聲音，通常是聽損者前方的聲音。「方向性」麥克風已被研究證實對年紀較大的兒童及成人有幫助，然而對嬰幼兒的使用效益仍尚未有定論。

**Q 165** 什麼是多聆聽程式？

**A** 為了符合聽損者在生活情境中不同的聆聽需求，可將多種聲音的設定儲存於助聽器中，由聽損者依需求切換，或由助聽器自動切換（自動聆聽程式）。大部份兒童因發展限制，多未能自行切換適當程式，因此採用單一聆聽程式或自動聆聽程式。不過，嬰幼兒是否適用自動聆聽程式仍待更多研究探討。

**Q 166** 什麼是移頻助聽器？

**A** 移頻助聽器是將高頻率的語音訊號壓縮（compression）或搬移（transposition）至聽損者可聽的頻率範圍（如圖 38）。前者把高頻率訊號壓縮在較低頻率範圍內，後者不壓縮訊號但採取將高頻率訊號搬移至

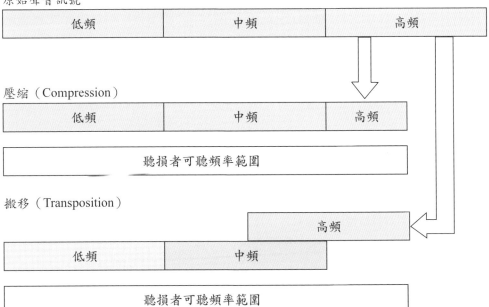

圖 38：壓縮（compression）搬移（transposition）示意圖。

較低頻率範圍。現在市面上較常見的移頻助聽器多指壓縮式移頻助聽器。

## Q167 為什麼要使用移頻助聽器？

若高頻聽損太嚴重，毛細胞處理聲音的能力就非常有限，即使助聽器在高頻率有足夠的增益量，仍無法改善聽損者的高頻察覺能力。移頻助聽器可將高頻率訊號壓縮或搬移至較低頻率，就可使聽損者察覺到原來聽不到的高頻率訊號。

## Q168 使用移頻助聽器就可以聽清楚高頻率的語音嗎？

聽得到聲音不代表聽得清楚聲音！聲音經過頻率壓縮或搬移後會扭曲失真。舉例來說，若把 2,000 至 8,000 赫茲的語音都壓縮到 1,000 至 2,000 赫茲這麼小的範圍內，就會改變母音共振峰的位置，造成辨識困難。這也就是為何有些人在使用移頻助聽器後，雖然高頻的察覺閾值可以提升到 35 分貝，辨識率卻仍無明顯改善。移頻助聽器的效益個別差異大，且需在學習適應一段時間後才能評估，是否比非移頻助聽器聽得更清楚，還需考量個案的聽覺條件和適應能力。

## Q169 配戴移頻助聽器後是不是就不用植入人工電子耳？

植入電子耳的基本條件是聽損者好耳的平均聽力達重度以上，且語音辨識能力不佳。若使用移頻助聽器後雖能改善高頻率語音的察覺，但未能有效辨識語音，且嚴重影響語言學習發展，仍建議進行電子耳植入評估。

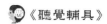

**Q170** 如果現在使用移頻助聽器，以後也都要一直使用移頻助聽器嗎？

**A** 聽損者在習慣或適應了所配戴的助聽器聲音後，大多較難適應不同音質的助聽器，這是因為每一款助聽器對聲音的處理設計不同，例如：長期配戴類比式助聽器的個案大多不習慣數位式助聽器的聲音。所以一旦適應移頻助聽器且得到幫助的使用者多會持續使用，而對於沒有明顯效益者，則沒有持續使用移頻助聽器的必要。

**Q171** 耳鉤中為何有一個小小的異物？那是做什麼用的？

**A** 那個小異物叫做「阻尼」（damper，如圖39）。在耳鉤中放置阻尼可以減少某些頻率能量被過度放大，同時避免回饋音的產生。當助聽器受潮嚴重時，阻尼亦可能受潮導致聲音無法有效傳輸，因此需要更換。

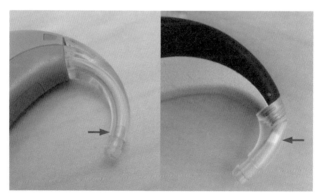

圖39：阻尼。

**Q172** 什麼是「T」功能？

**A** 「T」（Telecoil）指的是無線電話感應線圈，可接收電磁訊號（如圖40-1）。傳統家用電話多以電磁感應方式傳遞訊號，所以當助聽器的「T」功能開啟時，就能直接接收到電磁訊號，改善聲音的清晰度；

若同時在電話筒上加貼磁鐵（如圖 40-2），更可改善訊號的接收。當聽損者到設有感應線圈的公共空間（標示圖誌為藍底耳朵加上「T」字樣，如圖40-3），亦可以利用「T」功能來接收訊號，減少因距離、迴響及噪音等不利聽取因素的影響。另外，有「T」功能的助聽器可搭配使用無線感應線圈（如圖 40-4）來接收調頻系統或其他外接音源的訊號。

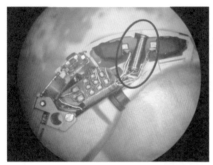

圖 40-1：助聽器內的電磁感應線圈。

圖 40-2：電話筒加裝磁鐵以加強訊號的接收。

圖 40-3：國際通用的電磁感應線圈標誌。

圖 40-4：無線感應線圈。

## 【耳模篇】

 **Q 173** 耳模有哪些類型？

耳模可以按照外型和材質來分類：

(1) 外型：常見的有全殼式、半殼式、骨架式、耳道式等（如圖41）。
不同的款式適用不同的聽損程度；一般而言，聽損程度越重，越
適合使用較密實的耳模，例如：全殼式耳模。有時，為了減少悶
塞感，會在耳模上開一個通氣孔，當聽損程度越重，則通氣孔就
要越小或是不開孔以避免聲音漏出，產生回饋音。

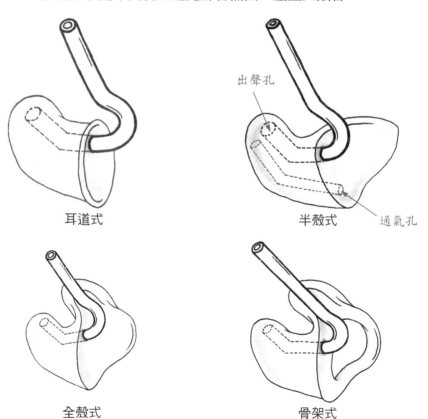

圖 41：各類型耳模。

(2) 材質：主要分為軟質（矽膠）和硬質（壓克力）耳模。基於密合
度及安全考量，替小朋友訂製的耳模通常用矽膠材質。矽膠還有
另一項好處，它較不容易引起過敏反應。

# Q174　耳模怎麼製作？

由於每個人的耳朵都是獨一無二的，所以耳模需個別訂製。製作耳模
需先取耳型（也就是耳朵的模型），取耳型的流程見圖 42 的說明。
一般來說，從取耳型到拿到耳模，大概需要一個星期的時間，費用約
800 至 1,200 元左右。

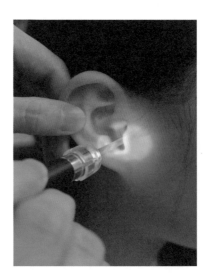

圖 42-1：先以耳視鏡檢視外耳道是否有過多耳垢、感染、流膿等狀況。若有，則須
等狀況排除後才能取耳型。

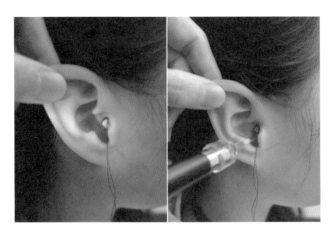

圖 42-2：放置海綿球於耳道深處作為阻隔。

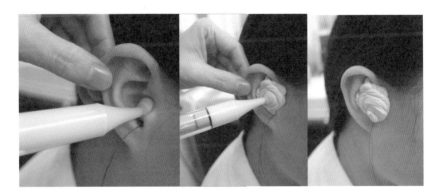

圖 42-3：注入耳型材料。

圖 42-4：幾分鐘後當材料變硬時，
　　　　就可取出耳型。

圖 42-5：助聽器公司利用耳型
　　　　製成耳模。

**Q 175** 如何正確戴上及取下耳模？

**A** 孩子初配助聽器時，家長需學習如何替孩子戴上及取下耳模。我們以
下列流程圖 43 示範如何配戴右耳耳模。

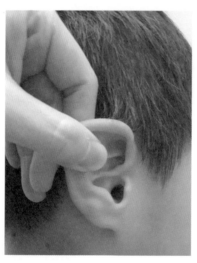

圖 43-1：左手將耳廓稍微往後、往上拉，將耳道拉直。

圖 43-2：右手拇指與食指拿著耳模，將耳模的出聲孔對準耳道口，耳管朝前。

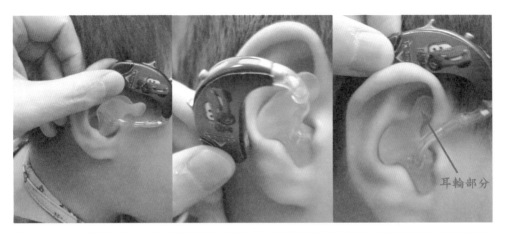

耳輪部分

圖 43-3：耳道部位放入後慢慢將耳模轉正，並將耳輪部位塞入正確位置，否則容易
產生回饋音。

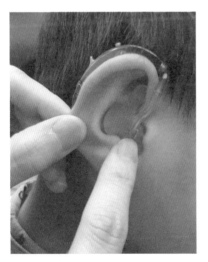
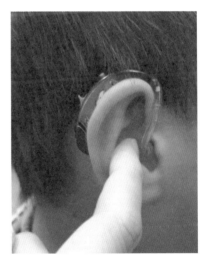

圖 43-4：放好後稍微將耳模往內壓以求密合。

取下耳模仍是相同的姿勢，但以相反順序，沿著耳模的邊緣，慢慢將
耳模旋轉出。記住取出時不能直接拉耳管，因為會使耳管與耳模分
離。

**176** 使用新耳模要注意哪些事情？

 耳模雖然不像助聽器那麼精密和昂貴，但不適合的耳模會大大地影響助聽器的配戴意願及效果，因此不可小看耳模。使用新耳模需注意下列事項：

(1) 新耳模因為還沒有沾上耳朵的油脂，所以會比較澀、不容易配戴，可用凡士林塗抹，但千萬不可塗抹在出聲孔位置，以免影響聲音的傳出。

(2) 耳模雖然是利用耳型製作而成，但不見得一定完全密合，還是可能有過小或過大的情形；過小容易產生回饋音，過大則可能造成耳朵不舒服、壓迫位置產生紅腫現象。若有上述情形，應立即請廠商修改或重新製作。

(3) 新耳模都有保固期（一般約 30 天），家長應在保固期內確認孩子的耳模是否有任何問題。

**177** 耳模多久需要更換？

耳模不密合時容易產生回饋音，而人的外耳道從出生後會持續成長直到學齡期，因此學齡前的小朋友每隔一段時間就會需要重新訂製耳模。耳模訂製的間隔時間因人而異，通常年齡越小，更換耳模的速度會越快。例如：不到一歲的嬰兒，可能二至三個月就需要更換耳模，但五歲的小朋友可能半年到一年才需要更換。另外，如果耳模有裂損，或是耳管與耳模分離無法修復，也需立刻更換耳模。

除了耳模，耳管也有更換的需要。耳管會在使用一段時間後變硬或縮小，進而影響聲音的頻率反應，此時建議更換。

**Q178** 耳模可以清洗嗎？

可以。耳模使用一段時間後可能會因為沾上耳垢而變色、油膩或有味道，可依下列步驟清洗（如圖44）。

圖 44-1：將耳模與助聽器分開。

圖 44-2：將耳模浸泡在常溫的肥皂水或專用清潔劑五分鐘後，放在水龍頭下用清水沖淨。

圖 44-3： 用乾布擦拭耳模並用吹氣球將水氣吹出耳管。確定耳模完全乾了之後才能將助聽器接上。

 179 使用耳模常見的問題有哪些？

 耳模常見的問題及處理方式如下：

(1) 耳模的出聲孔容易被耳垢堵塞，造成回饋音或聲音無法傳出，可用除耳垢器（如圖 45）及吹氣球處理。

圖 45：使用除耳垢器清除耳垢。

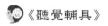

(2) 天氣潮溼、炎熱或小朋友因活動量大而流汗時，很容易在耳管內聚積水氣，進而影響助聽器的功能，可使用吹氣球將水氣吹出。

(3) 耳模變小、變質或破裂時，需重新訂製。

(4) 耳管斷裂或脫落（如圖46），需更換耳管。

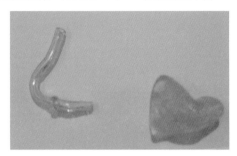

圖46：耳管脫落。

## 【助聽器選配及驗證篇】

### Q 180 如何選擇助聽器？

A 一般聽損者選擇助聽器時，應考量助聽器功能及聲音品質是否能滿足社會參與需求，而嬰幼兒則需要較大的調整彈性以因應可能的聽閾值變化。除此之外，助聽器公司的信譽和專業服務能力也應列入考量。

### Q 181 如何選擇助聽器公司？

A 購買助聽器與購買一般商品截然不同，因為選配助聽器必須要具備聽力學專業知識，才能了解聽損者的需求、限制及解決問題的技能，因此選擇助聽器公司時必須相當謹慎。以下列舉選擇助聽器公司的注意事項：

(1) 選擇具有合格聽力師服務的助聽器公司，以確保專業服務的品質。

(2) 選擇有聽力檢查室及助聽器聲電分析儀等專業評估設備的助聽器公司。

(3) 選擇有專業助聽器維修、保養工程師的助聽器公司，以免每次維修都得寄回原廠，浪費時間和金錢。

(4) 選擇離家較近或交通便利的助聽器公司，以便助聽器定期保養。

(5) 選擇有提供試戴、借用、保固及售後服務的助聽器公司。

## Q 182 我的寶寶只有 ABR 的檢查結果，可以選配助聽器了嗎？

聽性腦幹反應（ABR）只能獲得部份的聽力結果，因此需要更多的檢查來了解寶寶完整的聽力情形，才能進行助聽器選配。建議還需進行中耳功能評估、耳聲傳射、分頻 ABR 和行為聽檢。最重要的是，選配後尚需密集的追蹤檢查，才能確保助聽器的調整是否合宜。

## Q 183 聽力師如何設定助聽器的音量？

目前為止多利用處方法來設定助聽器的音量。國際上處方法常用的兩個選配公式，一個是加拿大的 DSL 公式法，另一個是澳洲的 NAL 公式法；前者較常被用來作為兒童助聽器的選配依據。雖然使用公式法設定助聽器省時有效，但公式法所計算出來的音量是平均值，不見得是每一個人最理想的設定，因此仍要視個案的主觀感受進行微調。嬰幼兒因無法表述感受，需要追蹤其聽覺行為及語言發展來調整設定。

## Q 184 如何知道助聽器選配是否恰當？

為了確保助聽器的設定是適當且符合聽損者所需，在完成助聽器設定後，需進行主客觀「驗證」。客觀的驗證是指不需透過使用者的反應來驗證助聽器的效益，例如：使用助聽器聲電分析儀驗證助聽器的輸

出音量；主觀的驗證則是依靠使用者的主觀感受來驗證助聽器的效益，例如：效益量表。

 **185** 有哪些驗證助聽器的方法？

常見的助聽器驗證方法有下列三種：

(1) 處方法驗證：先利用助聽器選配公式設定助聽器的增益後，再測量助聽器的增益是否達到目標。測量方式可分為實耳測量、耦合器測量及功能增益值測量。實耳測量及耦合器測量的說明見Q186～Q189。功能增益值測量（functional gain）是比較助聽後聲場的聽閾與裸耳聽閾的差異，施測結果常受到受測者行為反應影響是此方法的缺點。

(2) 語音聽力檢查：是了解配戴助聽器後對字詞或語句的辨識能力是否達到理想。

(3) 效益量表：前述驗證方法雖然簡單快速，但無法反應個案在真實生活中配戴助聽器的成效，因此可利用效益量表來記錄使用者的主觀感受或滿意程度；另外，也可由父母觀察孩子戴上輔具後的聽覺行為改變來驗證助聽器的效益。

 **186** 什麼是實耳測量？

實耳測量（Real Ear Measurement, REM）也稱為「真耳測試」，是一種客觀驗證助聽器效益的方法。測量的方法是將設定完成的助聽器戴在使用者耳朵上，並在外耳道放置探管麥克風，以測量助聽器實際輸出的音量是否與目標一致（如圖 47）。

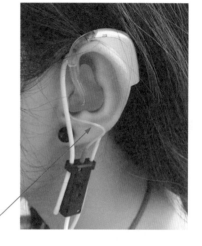

探管麥克風

圖 47：實耳測量。

**Q 187** 什麼是「耦合器測量」？

**A** 耦合器是助聽器聲電分析儀的標準耳道容積模擬器。耦合器測量是將設定完成的助聽器與耦合器連接，置入聲電分析儀的測試箱，量測輸出增益量是否與目標一致（如圖 48）。

**Q 188** 實耳測量與耦合器測量有何差異？

**A** 聲音進入外耳道會產生共鳴、經過頭部會產生繞射，這些現象都會造成部份頻率的音量變化。若是僅使用耦合器測量來驗證助聽器，就無

圖 48：耦合器（左圖）及耦合器測量（右圖）。

法真實反映助聽器配戴在人耳上所造成的效果，而實耳測量才可以了
解助聽器戴在人耳上的實際輸出音量。對於無法配合執行實耳測量的
個案，就只好採用耦合器測量。

189 嬰幼兒也需要進行實耳測量嗎？

是的，但是方法略有不同。由於嬰幼兒多無法利用主觀性評量方式來
驗證助聽器效益，所以更需要進行客觀性的驗證。為嬰幼兒進行客觀
性驗證有兩點需考量：(1) 因為嬰幼兒很難保持較長時間不亂動，因此
不容易完成實耳驗證；(2) 耦合器所模擬的耳道容積較近似大人，與嬰
幼兒有差距，會造成驗證的誤差。因此，測量時會先用探管麥克風快速
測量未戴助聽器時外耳道的聲壓反應，計算出其與耦合器聲壓反應的差
異（實耳與耦合器差異值，Real Ear to Coupler Difference, RECD），再
利用耦合器間接驗證助聽器配戴在嬰幼兒耳朵的效益（如圖 49）。

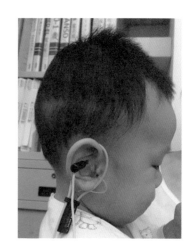

圖 49：為幼兒測量外耳道的聲壓反應。

## Q 190　移頻助聽器要怎麼設定及驗證？

移頻助聽器的設定，是依據製造商所提供的選配軟體決定移頻的初步設定。驗證方法與一般助聽器相似，但會特別針對高頻語音的察覺與分辨進行評估，或選用聲電分析儀中高頻率刺激音來測量輸出音量是否達到目標。年紀較小的嬰幼兒還可透過效益量表或電生理檢查來驗證移頻助聽器的效益，例如：聽覺皮質誘發電位檢查。

## Q 191　骨導助聽器如何進行驗證？

骨導助聽器的輸出是振動能量，無法使用一般的聲電分析儀驗證，但仍可利用前述氣導助聽器的主觀驗證方式來驗證。

## Q 192　為什麼調整好的助聽器，小孩還會一直拉扯？

拉扯助聽器常可能表示：

(1) 不習慣：孩子初戴助聽器時，常因耳模造成的異物感而排斥，建

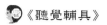

議塗抹適量的凡士林以減少耳模與耳道皮膚摩擦產生的不舒適。另外，儘量用孩子感興趣的事物轉移注意力，等聲音對孩子產生意義時，孩子便會習慣戴助聽器。

(2) 疼痛：疼痛通常是因為耳模的不適當所引起，例如：耳模太大、破損、不平滑、耳管突出於出聲孔等（詳見第 97 頁「耳模篇」）。此外，耳管剪太短也可能造成助聽器壓迫耳朵上方，使得耳朵變紅不舒服。

(3) 音量太大：當排除上述兩種因素，孩子仍然拉扯助聽器，有可能是因為孩子實際的聽力比測得的聽閾值佳，或者孩子的音量需求比處方法建議的目標增益量小，以致助聽器增益值過大，在比較吵雜的地方，或是環境中突然出現大聲響，孩子更常會覺得不舒服而拒戴助聽器。建議持續地聽力追蹤和調整增益量或最大輸出音量，待孩子能持續配戴後再視狀況調整。

(4) 引起注意：有時孩子在無聊、情緒不佳或需求不被滿足時亦會拉扯助聽器。父母在孩子適應助聽器的過程中，要特別注意自己的教養方式是否養成孩子制約大人的行為。

**Q 193 戴上助聽器後，聽力就會恢復正常了嗎？**

A 絕對不會！助聽器本身只是將麥克風收到的聲音加以擴大到聽損者可聽到的範圍內，並未有將聽力恢復至正常的神奇功效。舉例來說，某人聽力損失 90 分貝，戴上助聽器後雖然能聽到 40 分貝的語音，卻不代表聽力恢復至 40 分貝。

**Q194** 我的小孩雙耳戴上助聽器後，低頻到高頻的聲音察覺都有落入語言香蕉區，所以口語的發展一定會正常嗎？

**A** 不一定。口語的發展是一個複雜的歷程，雖與聲音的察覺、辨識與理解有關，但無法單由任一項因素預測其結果。聲場聽力檢查只評估察覺聲音而非辨識聲音的能力，所以戴上助聽器後的閾值都有落入語言香蕉區，只表示在一公尺的距離下能察覺說話者大部份的語音。然而，我們需要比聽閾值更大聲的語音能量才容易辨識聲音。例如：用10分貝的語音對聽力正常的人說話，他雖然可以聽到我們的聲音，卻不能聽清楚，只要將音量提高約30分貝就能聽清楚聲音的內容。

此外，助聽器是先將聲音放大後再壓縮至聽損者可聽的範圍內，所以聲音一定會有不同程度的失真，若是內耳毛細胞的解析能力不佳，語音辨識能力與口語學習就更容易受到影響了。

**Q195** 為什麼聽力師不把助聽器調得更大聲，讓我的孩子可以聽到和聽力正常孩子一樣的0分貝？

**A** 聽損者的可聽範圍較小，在噪音中的解析能力降低，因此若把助聽器調得很大聲，孩子雖可察覺到很小的聲音，但也同時會聽到環境中的各種噪音，例如：微小風扇聲、腳步聲、呼吸聲等，而干擾語音的接收與辨識。此外，語音過度地放大反而會失真嚴重，使得聽起來更不清楚，還會造成不舒適。

**Q196** 助聽器會不會越戴聽力越差？

**A** 聽力變差的原因有很多，例如：老化或病程中的現象。一般而言，調整適當的助聽器並不會造成聽力進一步受損。

**197** 我的小孩剛開始配戴助聽器的時候，叫他都會有反應，可是最近都要叫好幾聲才會有反應。他到底有沒有聽到？是不是聽力退步了？

從下列幾點來逐一檢查可能的原因：

(1) 助聽器功能正常嗎？（每日助聽器的檢查方法見下篇說明）

(2) 是否有其他事件使孩子分心？

(3) 是否有感冒、跌倒、頭部撞擊等情況發生？

(4) 是否頻繁測試孩子的反應而非與有意義的事件連結？

若已排除上列疑慮，但孩子對聲音的反應變差，則應立即尋求聽力師的協助。

## 【助聽器配戴及基礎保養篇】

**198** 嬰兒的耳朵那麼小，怎麼戴助聽器？

如果嬰兒的耳朵配戴耳掛助聽器不會脫落，則配戴方式跟一般兒童一樣。有些嬰兒耳廓較小較軟，助聽器不易固定在耳後，若是聽損程度較嚴重，助聽器更容易在小寶寶扭動時產生回饋音，因此，多建議利用髮帶（如圖50）或嬰兒帽協助固定。若使用髮帶固定，會因為耳管加長而使聲音變小，故調整助聽器時要將此因素考慮在內。

**199** 什麼是助聽器保護套、保護夾？

助聽器保護套使用通氣排汗布料或其他材質做成，套在助聽器外以避免濕氣或汗水傷害助聽器（如圖51）。助聽器保護夾則是為了防止助聽器直接掉落在地上所設計的夾子（如圖52），可向助聽器公司購買或自製。

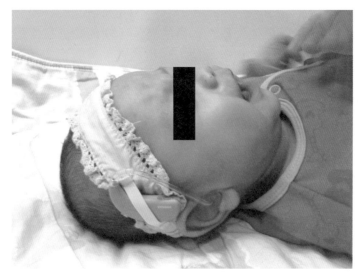

圖 50：利用髮帶固定嬰兒的助聽器。

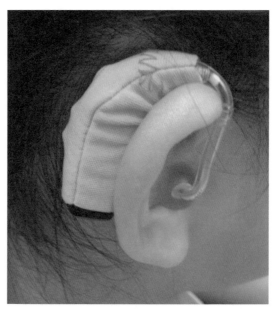

圖 51：輔具保護套。

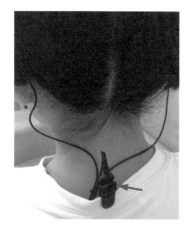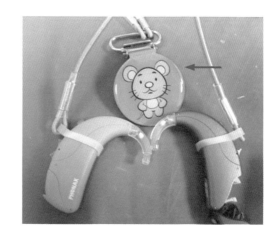

圖 52：輔具保護夾。

## Q200 為什麼助聽器一直發出尖銳的聲音？要怎麼處理？

當助聽器擴大後的聲音從外耳道與耳模的縫隙流出，傳到助聽器的收音麥克風後再被擴大，如此一直循環（如圖 53），通常稱為「漏音」或「回饋音」。產生回饋音的原因常是因為耳模與耳朵不密合，可塗抹凡士林阻絕聲音流出，或開啟回饋音消除功能。若仍無法消除回饋音，則應考慮重做耳模。此外，耳模沒戴好、耳模的耳管裂開、耳模破裂、耳垢堆積過多，都可能導致回饋音產生。

## Q201 才剛換過電池，為什麼十分鐘後助聽器就沒聲音了？

有兩個可能的原因：一是電池本身因超過保存期限或製造不良而電力不足，二是助聽器耗電異常或電源接點接觸不良。建議先使用其他未拆封的電池測試，若仍有問題，則需將助聽器送回檢測。

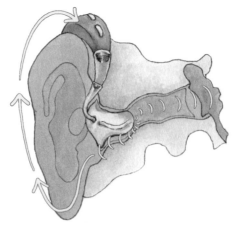

圖 53：回饋音的產生。

# Q202 為什麼需要每天監聽助聽器？

助聽器會因為各種因素而影響功能，因此家長需要在幫孩子戴上助聽器前先監聽，以確保孩子接收到最佳的聲音品質。監聽助聽器時需要監聽耳機，所以每個家庭都應該準備一付（如圖54）。監聽時將監聽

圖 54：監聽耳機連接助聽器（右圖）；監聽示意圖（左圖）。

耳機與助聽器連接，對著助聽器麥克風發出代表各個頻率範圍的婦聯五音（「ㄋ」、「ㄨ」、「ㄦ」、「ㄚ」、「ㄙ」），然後聽聽看音量和音質是否和平常監聽時相同、聲音是否有斷斷續續或忽大忽小的情況。

**Q 203** 助聽器聽起來比平常小聲時該怎麼辦？

**A** 先檢查自己的監聽耳機是否被耳垢堵塞住，再檢查耳模的出聲孔是否有耳垢堵塞、耳管內是否有水氣聚積、電池電力是否足夠。如果耳鉤拆下後聲音變大，應是耳鉤內的阻尼受潮，需要更換。若是還不能排除問題，則需送助聽器公司檢測。

**Q 204** 助聽器為什麼要定期保養？

**A** 助聽器的零件容易受到空氣中的濕氣、塵埃及汗水的侵蝕而影響功能，電池匣也很容易因為濕氣及汗水而鏽蝕（如圖55），導致電池無法過電或損壞周邊零件。因此，助聽器的定期除濕、清潔及保養相當重要。

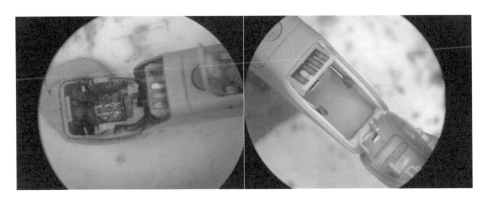

圖55：因汗水滲入而鏽蝕的電池匣（左圖）；乾淨的電池匣（右圖）。

**Q 205** 我都定期到助聽器公司保養助聽器，在家還需要保養嗎？

**A** 孩子的活動量大，容易流汗，臺灣的天氣又非常潮溼炎熱，只靠定期到助聽器公司保養助聽器是不夠的。在家每天的例行保養，是維持助聽器良好功能和延長使用壽命最有效的方法。

**Q 206** 助聽器保養包裡面有哪些工具？怎麼使用？

**A** 請參閱附錄二：「助聽器保養包使用說明書」。

## 【人工電子耳篇】

**Q 207** 什麼是人工電子耳？它怎麼運作？

**A** 人工電子耳亦稱人工耳蝸，是一種電子裝置，可讓配戴助聽器效益不理想的感音型聽損者獲得較佳的聲音品質。人工電子耳包含靠磁鐵相連結的體內與體外兩大部份。體內部份需經手術植入，其中接收器／刺激器是放置在頭皮下，電極串則置入耳蝸內；體外部份包含麥克風、語言處理器及頭件（如圖56）。

人工電子耳的運作方式是先由麥克風收集聲音，然後由語言處理器將聲音編碼後傳送至頭件。頭件以無線電波傳輸方式將編碼後的訊號傳至頭皮下的接收器／刺激器。最後，接收器／刺激器再依所接受的訊號傳至指定的電極，直接刺激聽神經後再上傳至大腦產生聽覺（如圖57）。

**Q 208** 人工電子耳和助聽器有什麼不同？

**A** 我們可以從三個方面來比較這兩種輔具的不同：

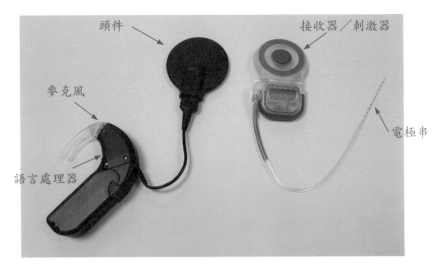

圖 56：人工電子耳的體內、體外元件。

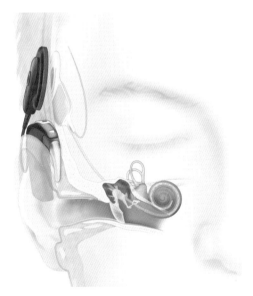

圖 57：人工電子耳植入示意圖。（感謝澳洲科利耳公司 Cochlear Co.提供圖片）

(1) 聲音訊號的傳輸方式：助聽器將放大的聲音以聲波方式傳入耳朵後，仍需內耳的毛細胞轉換為生物電能上傳至大腦。人工電子耳則是利用語言處理器將聲音轉換為電訊號，經由電極直接刺激聽神經，然後再上傳至大腦。因此，經由人工電子耳傳遞的聲音在體外已轉換為電訊號，不需要內耳毛細胞的運作。

(2) 需要手術與否：人工電子耳需要經由手術植入，屬侵入性的助聽輔具；助聽器除少數外，大多不需手術。

(3) 復健型態：習語前失聰者，不論是配戴助聽器或人工電子耳都需要全方位的聽覺復健。習語後失聰者，配戴助聽器和使用人工電子耳的復健型態不同；電子耳聽覺復健重點著重在系統轉換、適應新的聽覺系統，助聽器則著重在助聽後的溝通策略。

**Q 209 我如何知道我的孩子適不適合植入人工電子耳？**

 不是每個聽損兒童都適合或需要植入人工電子耳，因此需要進行完整的術前評估。大致來說，適合植入人工電子耳的兒童需符合以下條件：雙耳為重度以上感音型聽損、聽神經發育無異常、助聽器效益有限、溝通模式以口語為主、無手術禁忌（例如：無法全身麻醉者）、家庭有強烈意願及合理期待，並能於術後積極進行療育者。

**Q 210 術前評估包含哪些內容？**

兒童的術前評估包含聽力、醫學、心理、溝通及家庭功能等幾個面向：

(1) 聽力評估主要是確定聽損類型、程度及助聽器效益。常見的評估項目包含：中耳功能檢查、耳聲傳射（OAE）、聽性腦幹反應（ABR）、聽性穩定狀態誘發反應檢查（ASSR）、純音聽力檢

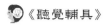

查、語音聽力檢查、助聽器實耳測量、聲場功能檢查等。

(2) 醫學評估主要是確定有無手術禁忌、檢視內耳及聽神經構造是否正常。

(3) 心理及溝通能力一般是包含在心智評估的範圍內，由心理師及語言治療師進行。

(4) 家庭功能由社工師評估，以了解家庭參與復健的能力和資源。

理想的專業服務應在術前評估完成後召開術前會議，邀請家長與兒童、手術醫師、聽力師、心理師、社工、聽語教師／語言治療師及其他相關人員參與。除了決定是否適合植入電子耳外，會議中還會決定手術日期、解釋手術及術後流程、介紹植入的電子耳、說明電子耳的效益及限制、解釋術後復健的重要，同時還要了解家長對電子耳是否有合理期待。

 **Q 211 植入人工電子耳要花多少錢？**

隨著時間及科技進步，電子耳的價格有逐年調升的趨勢，不同廠家的電子耳在不同的醫院，會依據電子耳型號及配件而有不同的價格。一般來說，人工電子耳的植入費用，分為手術醫療費用以及電子耳之體內和體外元件費用，共約 100 萬元；植入體的價格約 50 萬元、語言處理器約 30 萬至 40 萬元左右。手術醫療部份可申請健保給付，電子耳元件部份則可向戶籍所在縣市申請補助。補助費用依一般戶、中低收入戶及低收入戶各有不同的補助金額，目前一般戶的補助金額為 30 萬、中低收入戶為 45 萬、低收入戶為 60 萬元。除了政府補助外，尚有其他私人的補助管道，例如：部份醫院及本基金會，補助辦法可向各補助單位洽詢。

**212** 植入人工電子耳的風險及後遺症有哪些？

可能出現的風險及後遺症如下：

(1) 麻醉風險：人工電子耳植入需要全身麻醉，麻醉風險的降低需依賴術前完整的醫療評估及術間／術後嚴密的麻醉監控。

(2) 顏面神經問題：顏面神經的位置非常靠近耳蝸及聽神經，目前多數醫院在進行電子耳手術時，都會用特殊探針全程監控顏面神經活動，以免傷及顏面神經。少數內耳發育異常的個案，顏面神經的位置可能也異常或非常貼近耳蝸，在電子耳電流刺激時，會引起不同部位的顏面抽動，一旦把電子耳語言處理器關機，顏面抽動就會消失，此時需耐心與聽力師配合以找出引起顏面神經抽動的電極，做出適當的調整以消除顏面抽動。另外，有極少數個案在術後尚未開頻時，會有輕微的顏面抽動，通常在術後幾天內會消失。

(3) 感染問題：在 2002 年到 2004 年北美及歐洲曾有不少因電子耳手術感染導致腦膜炎的案例，現在一般在人工電子耳術前都會施打疫苗，在術後服用抗生素以降低感染的機率。

(4) 其他：眩暈、耳鳴、味覺改變、組織液滲出、皮瓣問題及傷口血腫等。

 **213** 我的小孩雙耳極重度聽損，一定要開電子耳嗎？

有些雙耳極重度聽損兒童因為及早介入、家庭功能良好、父母態度積極，仍能發展出良好的口語。但從多數的研究結果發現，大部份雙耳極重度聽損兒童由助聽器得到的幫助有限，而人工電子耳在口語學習方面能提供的幫助優於助聽器。

**Q 214　植入電子耳以後，聽力就可以恢復正常了嗎？**

**A** 絕對不會！電子耳不是幫助聽力恢復正常，只是取代功能有限的內耳毛細胞，植入者仍須經過學習才能辨認聲音、聽懂口語，而有效的聽覺技巧訓練能加速學習及縮短適應時間。

**Q 215　我的小孩耳蝸及聽神經構造都正常，所以植入電子耳的效果一定會很好嗎？**

**A** 平均來說，聽神經發育不全，或是耳蝸嚴重異常的個案，植入電子耳的成效不如聽神經及耳蝸發育正常的個案，但這並不表示內耳及聽神經構造正常，植入效果就一定好。聽神經功能不一定可由造影檢查結果來判定，而其他非聽力的因素也會影響電子耳的植入成效，例如：療育的投入程度、植入年齡、植入時間、植入前的語音辨識能力等。

**Q 216　幾歲開電子耳有差別嗎？**

**A** 年齡越小的兒童植入人工電子耳，越有機會發展出與聽力正常兒童相近的聽覺理解及口語能力。因此，美國食品藥物管理局（FDA）已將兒童植入電子耳年齡下修至 12 個月大。只是，為兩歲以下的幼兒進行人工電子耳植入要慎選醫療復健團隊，因為術前的評估和術後的電子耳調圖及聽覺復健，都與成人截然不同。

**Q 217　什麼是聽覺系統轉換訓練？**

**A** 聽覺系統轉換訓練是針對習語後失聰的成人或兒童進行的聽覺訓練。透過有層次、有架構的訓練課程，讓他們能在短時間之內將新型態的聲音訊號與大腦中既有的聲音檔案配對，以恢復原先的聽覺技巧及口語理解能力，甚至進一步利用電子耳的優勢發展新的聽覺技巧。

**Q 218 為什麼有些人雙耳都植入電子耳？**

雙耳植入的優勢與雙耳聆聽的優勢是相同的（詳見第 51 頁「單側聽力損失篇」）。目前的研究顯示，雙側電子耳在音源辨位的表現不一定優於一耳使用電子耳另一耳使用助聽器，但優於只使用單耳電子耳，所以第二耳的植入通常會考量殘存聽力是否仍可藉由助聽器提供不錯的效益。此外，雙耳植入若遇到一耳電子耳故障，還能利用另一耳保持聆聽。目前政府的補助資格僅限一人一耳，因此第二耳的植入費用需自行負擔。

**Q 219 該如何選擇電子耳的廠牌？**

目前全球有三大主要電子耳公司：Advanced Bionics、Cochlear、Med-El，每一家的電極設計、語言處理器編碼策略及配件都不盡相同。選擇廠牌除了了解各家特色外，還要注意代理商保固、維修、備用機等售後服務細節。目前為止的研究，都未能證實哪一家的產品絕對優於另一家，植入後的成效，主要還是在於植入者本身的聽覺處理功能及復健的努力。

**Q 220 電子耳也要保養嗎？**

是的，人工電子耳的語言處理器屬於精密的電子產品，容易受到濕氣及汗水的影響。日常保養以及定期至電子耳公司檢修，是維持功能與延長使用壽命的最佳方法。

**Q 221 什麼是開頻？**

電子耳真正開始運作始於「開頻」（如圖 58），也就是正式將體外部

份戴上與體內部份連接。聽力師透過電腦軟體，根據病人對電流刺激產生的聽覺反應設定電流量（電流圖），儲存於語言處理器當中。

人工電子耳
語言處理器

圖 58：聽力師為兒童開頻。

## Q 222　電子耳的電流圖是什麼？怎麼設定？

電流圖的設定，主要是找出每一個電極需要給多少的電流量，才能產生聽覺又不會引起不舒服。電極依耳蝸的音調排序特性（Tonotopic Organization），從耳蝸底部到頂部，依序負責高頻率到低頻率聲音訊號的處理，也就是說不同電極負責產生不同頻率的聽覺，所以有時電子耳調圖也被稱為調頻。

要找到最適合聽損者的電流圖（MAP）通常要多次的調整才能完成，而兒童更是如此。調圖有幾種常見的方式：

(1) 逐一將每個電極的電流慢慢增加到聽損者覺得大聲但不會引起不舒適為止。這個方法所花的時間較長，適合成人或學齡兒童。

(2) 將所有電極的電流同時開啟，逐漸增加電流並觀察聽損者是否有不舒適的反應，設定完成後再以聲場檢查結果來微調個別電極的電流量。這個方法常運用在幼兒的調圖。

(3) 利用客觀性檢查來設定電流圖。目前有兩種應用較多的客觀性檢查：ECAP 與 ESRT。

　　• ECAP（Electrically Evoked Compound Action Potential）是一種聽覺誘發電位檢查，利用植入的電極測量聽神經的電位反應。調圖時將引起電位反應的最小電流值當作參考的依據。

　　• ESRT（Evoked Stapedial Reflex Threshold）原理與聽反射檢查相同，利用植入的電極作為刺激音來源，同時以中耳功能分析儀記錄鐙骨肌反應。進行此項檢查時需要受測者保持安靜不亂動，以免影響記錄結果，因此嬰幼兒可能需灌藥使其鎮靜。此項檢查結果多與植入者所需的最大電流量近似。

 **Q 223** 植入電子耳後，另一耳就可以不必配戴助聽器了嗎？

研究發現，如果未植入電子耳的那一耳仍有可利用的低頻殘餘聽力，則一耳配戴電子耳、另一耳使用助聽器，會有最佳的聲調、音樂以及音源的辨識能力。

## 【調頻系統篇】

 **Q 224** 什麼是調頻系統？

調頻系統（FM System）屬於遠距麥克風聽覺輔助科技的一種（Remote Microphone Hearing Assistance Technology），它的運作就像一個迷你的廣播電臺，利用無線電波傳送訊號，包含有麥克風、發射器及

接收器。麥克風收集到說話者的聲音後，發射器便將聲音以無線調頻傳輸方式傳送至接收器，再由使用者的聽覺輔具收取訊號讓使用者聽到（如圖 59）。

麥克風

接收器

圖 59：調頻系統運作方式。

## Q 225 為什麼要使用調頻系統？

不論是使用助聽器或是人工電子耳，都無法讓受損的聽覺功能恢復正常，如果學習環境中再出現不利聽取的因素，對正常聽力的人或許影響不大，但是對聽損兒童的學習就會造成極大的影響。使用調頻系統可協助聽損兒童克服下列不利聽取的因素：

(1) 環境噪音：例如街道交通、兒童遊戲、冷氣風扇、腳步、桌椅搬動及朗讀說話等所產生的噪音。噪音越大，越容易讓聽損學生聽

不到或是聽不清楚老師的說話聲。

(2) 與老師的距離：聲音能量會隨著說話者與聽話者之間的距離增加而遞減；一般來說，距離每增加一倍，語音音量就下降 6 分貝。雖然學校會安排聽損學生坐在教室前排，但老師在教室內常走動講課，仍會造成距離拉長而影響聽損學生聆聽老師的聲音。

(3) 迴響：聲音傳遞時會因碰撞牆壁或其他物體產生反射，造成迴響的現象。輕微的迴響可強化聲音訊息，有助口語理解，但嚴重的迴響就可能讓聲音變得模糊，難以辨識。一般的教室多未使用吸音建材，因此常出現迴響問題。

 **Q 226 調頻系統怎麼配戴？**

 發射器及麥克風由老師配戴；接收器通常與助聽器或人工電子耳連接，由學生配戴。麥克風離老師嘴巴的距離不應超過 15 公分以免影響收音。接收器與助聽器和人工電子耳的連接大多需要有介面，例如：音靴、連接線、盒套匣、專用耳鉤等（如圖 60）。市面上也有專用的接收器可不需介面，但只能連接特定款式的助聽器或電子耳（如圖 61）。

**Q 227 什麼是頻道？**

調頻系統的頻道與助聽器的頻道兩者基本定義和功能不同。調頻系統有特定的無線傳輸頻率區段，稱為頻帶，而這個頻帶又可劃分成許多較小的頻率範圍，稱為頻道，每一個頻道可獨立發射及接收訊號。目前市面上的教學用調頻系統皆為多頻道，意指發射器或接收器可依需求切換至不同的頻道，例如：1 號頻道、9 號頻道、77 號頻道等，但發射器與接收器必須設定使用同一個頻道，學生才聽得到老師的聲

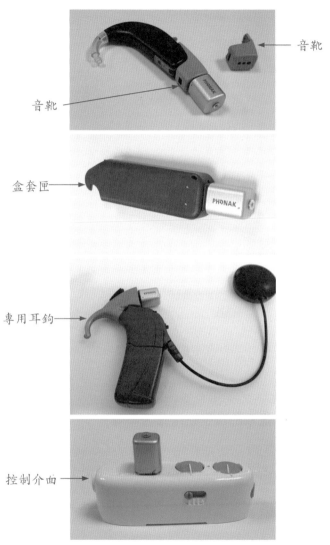

音靴

音靴

盒套匣

專用耳鉤

控制介面

圖 60：助聽輔具與接收器的連接介面。

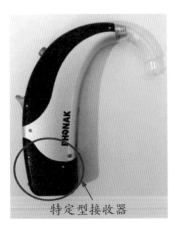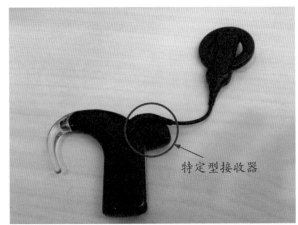

特定型接收器

特定型接收器

圖 61：特定型接收器。

音。當分散於不同班級的學生集中上課時，只要將學生接收器的頻道切換至與老師發射器相同的頻道，老師就只需配戴一只發射器。目前市面上有數位式的調頻系統，會持續自動搜尋環境中未受干擾的頻道傳送訊號，就不需設定頻道。

**Q 228　我怎麼知道我的孩子使用哪個頻道？**

可以由發射器的顯示螢幕看到一組數字（如圖 62），這數字即為頻道號碼。若是想知道接收器設定的頻道，則需使用電腦或專用的發射器來讀取。

**Q 229　什麼是動態調頻系統（Dynamic FM）？**

傳統調頻系統的訊噪比（見下題）是固定的，但是當環境噪音很大時，調頻系統就無法維持理想的訊噪比。為了改善這個情況，動態調頻系統會利用發射器偵測環境噪音，然後根據環境噪音的音量，自動

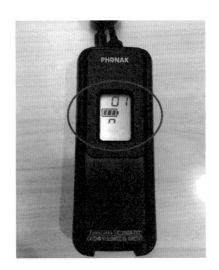

圖 62：發射器螢幕上顯示的數字為調頻系統頻道。

調整調頻訊號增益，以維持理想的訊噪比，使聽損學生即使在非常吵雜的環境，也能聽到老師的聲音。

# Q230 什麼是「訊噪比」？

「訊噪比」指的是訊號和背景噪音之間的音量差異值。如果訊噪比是正值，就表示訊號音量大於噪音；如果訊噪音比是負值，就表示噪音大於訊號音量。舉例來說，若談話音量為 50 分貝、背景噪音是 35 分貝，訊噪比就是 +15 分貝。訊噪比越大（正值越高），表示聽覺環境越理想，訊噪比越小（正值很小，甚至是 0 或負值），表示聽覺環境很不理想。研究顯示，聽力正常的兒童需要在 +10 到 +15 分貝的訊噪比環境中學習，而聽力損失的兒童則要在 +15 到 +20 分貝、或更好的訊噪比環境中學習。因此，減少或避免環境噪音，對聽損兒童的學習是非常重要的。

**Q231 調頻系統也要驗證嗎？**

是的！當調頻系統與助聽輔具連接時，要進行驗證來確定連接後不會影響輔具原本的功能、調頻訊號的傳遞正常、設定適當且達到理想效益，讓使用者能夠在不理想的聆聽環境中聽到說話者的聲音、自己的聲音，還有周遭人的聲音。

**Q232 調頻系統怎麼驗證？**

完整的驗證方式包含下列兩項：

(1) 聲電分析：利用助聽器聲電分析儀測量與比較助聽器／人工電子耳在連接調頻系統前後的輸出音量。若測量結果不符目標值，則需調整輔具設定或接收器的增益量。

(2) 語音聽知覺評估：比較孩子在安靜及噪音情境下使用與未使用調頻系統的語詞辨識能力。最理想的情況是，噪音情境中使用調頻系統的語詞辨識正確率能與安靜情境相同。

**Q233 在家如何監測調頻系統？**

調頻系統功能不佳，但助聽器或電子耳仍然正常運作時，孩子可能無法察覺調頻系統異常，因此需要父母協助監測以及早發現問題。家長可以運用下列的方式來監測：

(1) 監聽：當調頻系統與助聽器或人工電子耳連接且開啟時，把發射器放在遠處的音響前或請另一人拿著說話，然後利用監聽耳機監聽是否接收到來自調頻系統的訊號、訊號是否清楚無雜訊、訊號音量是否適中等。有些廠牌的電子耳監聽設備因價格昂貴不易取得，則父母需以下一個方式來監測：

(2) 觀察孩子的聽覺行為：家長及孩子配戴調頻系統且正確開啟後，家長站在遠處，確定孩子無法從助聽器或電子耳的麥克風聽到你的聲音，然後依照孩子能夠配合的方式，請孩子聽到聲音舉手、複述聽到的音／詞／句子，或者回答問題。

## Q234 為什麼收不到調頻系統的訊號？

收不到訊號有很多原因，我們可以從以下方式逐一排除：

(1) 助聽輔具是否開啟FM的功能：有些助聽輔具必須開啟FM功能才能接收調頻系統訊號。因此，第一次使用 FM 前需先確認程式設定。

(2) 電池是否電量充足：助聽輔具連接調頻系統時會比較耗電，若電池電量不足時，可能仍然可以放大聲音，但卻無法接收到調頻系統的訊號。

(3) 調頻系統是否正確開啟：發射器與接收器是否都開啟、麥克風是否誤按到靜音鍵。

(4) 發射器和接收器的頻道是否相同：把發射器靠近接收器後重新開機或按下同步鍵。

(5) 接觸不良：助聽器或電子耳與調頻系統連接的金屬接點處是否有生鏽（如圖63）、水氣或有包膜包住／貼紙貼住（如圖64）以致無法接收到調頻訊號。

(6) 連接介面是否故障：連接調頻系統與助聽輔具的音靴、連接線、盒套匣、專用耳鉤等最容易在使用一段時間後受潮而故障。

如果以上這些情況都排除，但仍無法接收到調頻系統訊號，就要請聽力師協助檢查。

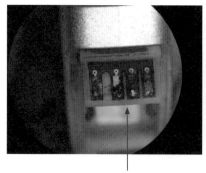

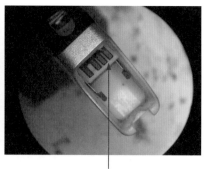

助聽器金屬接點生鏽                    乾淨的金屬接點

圖 63：金屬接點有鏽蝕（左圖）；乾淨的金屬接點（右圖）。

助聽器金屬
接點有包膜
／貼紙包住

撕開包膜／貼紙
可見金屬接點

圖 64：保護貼紙尚未拆除（左圖）；保護貼紙已拆除（右圖）。

235 **監聽時為什麼會聽到雜音？**

監聽時若聽見「ㄘㄚ　ㄘㄚ」聲，或聲音斷斷續續，可能是助聽器、
音靴或接收器的問題，可依前題方式檢查。若只在特定的學習場所才

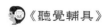

出現雜音，就要先了解鄰近班級的學生有沒有使用相同或相近的頻道，若有就需要更換頻道。如果附近有高壓電塔、基地臺或過多電器使用，也可能會干擾調頻系統的訊號，此時可請廠商或該縣市的教育聽力師實地觀察並測試，找出適用頻道。

**Q 236　調頻系統的電磁波會危害人體嗎？**

A　所有的電子產品都會產生電磁波，調頻系統也不例外，但在臺灣需受NCC國家通訊委員會制定「低功率射頻電機技術規範」之管理。調頻系統所產生的電磁波為非游離輻射，其發射功率是手機的千分之一，使用者可以安心使用。

**Q 237　如何申請調頻系統？**

A　助聽器與人工電子耳是屬於個人輔具，但調頻系統是歸類於「教育輔助器材」，可向就讀學校申請，不需家長自行購買。各縣市申請標準、申請時間及所需文件不同，詳細情形可洽詢所屬縣市教育局特教科、特教資源中心或機構社工。

**Q 238　調頻系統需要保養嗎？**

A　是的，調頻系統與助聽器、電子耳一樣都需要定期保養。使用完畢後，將發射器電源關閉並置於除濕盒或防潮箱內；運動或流汗後，應把殘留在助聽輔具上的汗水用乾布擦拭乾淨，避免汗水流入輔具和接收器造成鏽蝕。助聽器或電子耳與調頻系統連接的金屬接點處及接收器的三根插腳處易有髒污或鏽蝕（如圖65），可利用棉花棒沾酒精擦拭該處並保持乾燥。每半年到助聽器公司保養一次，可以維持調頻系統的使用效果及壽命。

圖 65：乾淨的接收器插腳（左圖）與鏽蝕的接收器插腳（右圖）。

# 《創造良好的傾聽環境》

 **Q 239　為什麼要創造良好的傾聽環境？**

聽覺損傷造成聽覺系統在處理聲音訊號時發生質與量的改變，使得聽損兒童在生活環境中喪失了許多隨機學習的機會，也因此影響聽損兒童語言習得的成效。在孩子還未養成傾聽習慣或未發展出一定的聽覺技巧時，為了減少聽取的困難，營造一個適切的傾聽環境是必要的。

 **Q 240　如何創造良好的傾聽環境？**

創造良好的傾聽環境可從幾個方面著手：

(1) 了解孩子的「能聽範圍」及最佳聆聽距離，並在此範圍內與孩子互動。

(2) 確認孩子的輔具功能是否正常、設定是否理想。

(3) 提升「訊噪比」，避免環境噪音或迴響。

(4) 談論孩子當下感知覺到的人、事、物。

(5) 適當的說話速度、聲調及表情。

(6) 光線充足、視線佳。

 **Q 241　什麼是能聽範圍？**

聲音是一種能量，會隨著距離的增加而減弱。學習口語的過程中，察覺語音是最基本的要件，因此當我們與孩子互動時，必須找出孩子察覺語音最遠的距離，也就是他／她的能聽範圍。不過，因為孩子戴上輔具後，對不同頻率的聲音有不同的察覺閾值，因此在測量能聽範圍時，低、中、高頻的語音都要使用到。我們可以使用婦聯五音（低頻

至高頻分別為「ㄋ」、「ㄨ」、「ㄦ」、「ㄚ」、「ㄙ」）來進行測試，如果孩子在某個距離能聽到最多的語音，那麼這個距離就是孩子的最佳聆聽距離。例如：以一般的說話音量分別在一公尺、兩公尺或更遠的距離測試，如果孩子在一公尺能察覺所有的五音，在兩公尺察覺不到「ㄙ」，那孩子的最佳聆聽距離就是一公尺。

**242 如何確認孩子的輔具功能正常？**

輔具功能除了定期由助聽器公司或聽力師檢測以外，每日的例行檢查是必要的。當孩子年紀還小的時候，例行檢查由家長或主要照顧者負責；當孩子漸漸長大，肢體動作、語言和認知能力都比較成熟的時候，就可以開始讓他們學習照顧自己的輔具、主動反映輔具的聲音狀況。如此不但可以達到功能檢查的目的，還可以培養孩子對自己輔具的責任感。

確保輔具功能正常可利用「看」與「聽」的方式：「看」輔具的外觀有無裂痕、水漬、銹蝕、鬆脫、髒汙等狀況，以及功能按鍵位置是否正確；「聽」輔具的聲音音量是否異常、音質是否扭曲、是否出現雜音等。

檢查輔具時，有些工具是必備的，例如：監聽耳機、除濕盒、電子耳專用測試器、電池測電器、吹氣球、乾布、清潔刷等。若是不記得或是不清楚有哪些檢查項目，婦聯聽障文教基金會設計的助聽輔具檢核表是很方便的參考資料（見附錄三：「助聽輔具檢核表暨語音距離察覺圖」）。另外，孩子戴上輔具後的聽覺行為也是一項很重要的依據，每天早上孩子戴上輔具後，就應該測試孩子的能聽範圍，確保沒有異常情形。

# 《聽覺復健》

**Q243** 為什麼我的寶寶被稱為「聽損兒」、「聽障兒」、「聾兒」，這有何不同？

 臺灣聽力學用詞多翻譯自英文，早期無論是醫療或特殊教育，只要聽覺系統有問題，多用「聽障」稱之。隨著我們對聽覺系統的構造與功能越來越清楚，加上科技、早療和人權觀念的進步，聽覺問題的現況描述更要求用詞的精準及對人的尊重。下列簡述三種常用名詞的意涵：

(1) 聽覺損傷：聽覺系統的構造或功能變得比正常範圍差，但並不表示一定會有聽力損失或聽覺障礙。

(2) 聽力損失：聽覺損傷所造成的聽閾提高現象，即聽覺敏感度變差，但並不表示一定有聽覺障礙。

(3) 聽覺障礙：聽覺損傷對個人日常生活所帶來的後續障礙，包括心理、社會適應與溝通等。由於「障礙」一詞有負面意涵，近年來，世界衛生組織已改用「參與限制」來強調聽損者的權利與需求。

依據上面的定義，有聽覺損傷並不一定有聽力損失或聽覺障礙，有聽力損失也並不一定有聽覺障礙。

在國外，「聾」（deaf）以大寫指稱使用手語的聽損族群及其文化（Deaf），以小寫來指稱聽力損失程度較重者（deaf）。臺灣早期對聽力損失超過極重度者稱全聾，但因為「聾」字本身即有聽不見的意涵，且絕大部份聽損兒童都仍有不同程度的聽力，在選配適當的輔具後也多能回到有聲世界，因此在臺灣一般已很少使用「聾兒」或「聾童」來指稱聽覺損傷的兒童。

**Q 244 我的寶寶戴上助聽器後，就像正常孩子一樣有許多反應，為什麼還要參加早期療育課程？早期療育是什麼？**

早期療育是團隊服務，從預防的觀點出發，關心嬰幼兒全面性的發展，認為嬰幼兒早期經驗對未來外顯發展和內在成長有重要而長遠的影響。寶寶雖然戴上助聽器有許多聽覺反應，但聆聽的質量、認知語言及情緒等各項發展，仍需要早療團隊持續監督和定期評估，而父母或主要照顧者需要知道的與聽損相關的知識、親子教養職能、教學技巧、輔具維護、社福和生態資源等資訊和能力，也需要早療團隊提供直接或間接的協助。早療團隊會在孩子三歲前依家庭的需求，提供個別化家庭服務計畫；三歲後則依孩子的發展現況，擬定個別化教育計畫。所以早療團隊和聽損家庭是親密的夥伴關係，為孩子平順的成長一起努力。

**Q 245 哪一種溝通訓練的方法最好？我的應如何幫寶寶選擇？**

以往認為聽覺損傷會造成語言溝通的問題，若溝通問題改善了，較不會產生次發性問題，如：學業、情緒、社交、適應等問題。聽障教育史上雖然記載了十多種的溝通方法，但大致可分為下列三種類型：

(1) 強調聽覺：強調開發聽覺潛能來達到口語溝通的目的，也稱為單一感官訓練，如：聽覺口語法。

(2) 強調口語：運用各種感官知覺來提升口語溝通能力，也稱為多感官訓練，如：語調聽覺法。

(3) 強調溝通：運用聽、說、讀、寫、手勢和手語等各種語言形式以達到溝通的目的，如：綜合溝通法。

上述聽障教育溝通訓練的方式，在全面性新生兒聽力篩檢的推動下，

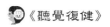

已產生巨大的改變。目前學者專家普遍的共識是：尋求適合聽損孩子的教學方式，而不是要聽損孩子去適應某種方法，這與早期療育的理論不謀而合。雖然每一個聽損寶寶的發展、溝通模式和其家庭因素都不同，所需要的協助也不同，但是親密的親子關係、安全感的建立、豐富的感知覺經驗是每一個嬰幼兒發展認知語言，乃至往後健康的自我形象、學習能力、解決問題的能力和社會適應能力得以發展的重要養份。

嬰幼兒的學習不只有用眼睛、耳朵、舌頭或手指頭，還透過父母的回應和關愛，當父母回應嬰幼兒肢體動作、表情和聲音，便是溝通的開始，這是父母教導嬰幼兒表達語言的第一步。嬰幼兒如在每一次的溝通交流中得到滿足，透過父母說話、笑聲或唱歌，語言的功能就被展現。父母不需要努力去精通溝通的形式，只要在家裡做好聽力學管理，讓嬰幼兒參與多元的日常家庭活動，在親子互動中、在幼兒感興趣的事物上，用自然流暢、相對應的語言來連結意義，嬰幼兒就可以發展出與他人溝通的能力。

**246 智慧整合聽語教學系統是什麼訓練方法？**

智慧整合聽語教學系統（Integrated Teaching System of Multiple Intelligences, ITSMI）不是一個訓練方法，而是依據早期療育的理論、神經發展機制及多元智慧的論點，有系統地提供聽損兒及其家庭跨專業的直接和間接服務，協助聽損兒發展認知語言的同時，也引發內在的成長，最終能用自己的力量獨立學習。

此系統是在團隊服務模式下提供聽損兒生態環境裡必要的支持，確保聽損兒在安全快樂的環境中，有正向的情緒發展；提供父母教養聽損

兒所需的養育觀念、教學知能和情意輔導，使父母有能力處理聽損兒在成長中可能產生的問題。本系統還強調嚴謹的聽力學管理，使聽損兒能在最佳的聽覺環境中學習，讓聽覺成為自然溝通的有效管道。智慧整合教學則是奠定在前述環境和觀念的基礎上，尋找聽損兒的優勢智慧，為其搭設學習的鷹架。運用多元智慧和不同表徵方法來理解複雜的概念，並與實際生活連結，聽損兒因而可經驗到智慧間的關聯，形成概念的深度和類化的能力，使多元思考模式成為本能，發展出獨立學習和解決問題的能力，達到與主流社會融合的目的。

 **247　什麼是聽力學管理？**

為了避免聽覺損傷造成聽力障礙，或將障礙減至最低，需要聽力專業的介入，監督並排除對聽損兒童的聽力發展、輔具使用、聆聽環境的不利因素，提供、協助或指導主要照顧者和早療人員相關知能和資訊，務使聽損兒童在最佳聽取狀況下學習。美國聽力學專家 Arthur Boothroyd 提出下列六項聽力學管理目標：

(1) 確保孩子選配適當輔具：除了聽力專業人員為孩子進行輔具選配和驗證等流程外，家長在平日觀察孩子戴上輔具時的反應也是非常重要的。對於嬰幼兒來說，選配適當的輔具可能會是一段長時間的過程，需要家長、聽力師和聽語教師共同檢視孩子的進展。

(2) 讓輔具保持在功能正常狀態：助聽輔具是電子儀器，需用心維護以減少故障情形，才不會影響孩子的聆聽和學習。家長每日為孩子戴上輔具前，要先確認孩子輔具的功能是否正常（詳見第137頁Q241）。基金會設計的「助聽輔具檢核表暨語音距離察覺圖」（見附錄三），是一個簡單好用的表單，只要照著做，便能檢視

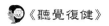

輔具功能是否正常。

(3) 建立全天配戴輔具的習慣：孩子的學習是隨時隨地都在進行的，因此，除了洗澡和睡覺外，聽損兒童應全天配戴輔具。

(4) 保護殘存聽力：我們應採取積極的方式維護孩子的聽力，包括預防性的措施，如：避免輔具音量大於所需、良好的健康與衛生、避免頭部受到撞擊等。平時應定期進行聽力檢查以確認聽力狀況；若聽力發生變化，應儘速進行聽力和耳科的評估。再次提醒，學前兒童好發中耳炎，可導致聽力進一步受損，所以感冒時要特別留意中耳狀況。每日戴上輔具後應進行能聽範圍的檢測，確保沒有聽力異常情形。

(5) 創造最佳的聽覺環境：見第 137 頁「創造良好的傾聽環境」。

(6) 提供診斷資訊：正確、有意義的資訊有助於達成聽力學的管理，而家長、聽力師和聽語教師都可以是資訊的提供者，例如：聽力檢查記錄、輔具設定資料、輔具配戴時間、故障事件等。

## Q248 我的寶寶才三個月大，要如何開始聽語訓練？

嬰幼兒是透過感覺來記錄經驗，所有的感覺經驗都會轉換成神經活動，促成神經迴路的連結和網絡的形成。多感官刺激越多，迴路連結就越穩固，神經網絡也會越綿密，當然之後的感知覺能力及感覺統合就會發展得越好。嬰幼兒同時也是藉由視覺、聽覺、嗅覺、味覺、觸覺和平衡覺來認識世界，在六個月前感知覺能力主要是發展感官的敏銳度，六個月以後感知覺能力主要是發展基本的學習技巧，如：運動控制、分辨、記憶及感覺統合。日常生活中隨時隨地可操作的親子活動，就是發展感知覺能力最好的教學活動，在進行這些親子活動時，

可運用下列聲音輸入技巧：

(1) 使用媽媽語和寶寶互動。媽媽語聲調較高、節奏較慢且有豐富的語調變化，非常適合刺激發育中的聽覺系統，有益寶寶早期音素的學習。另外，使用媽媽語時，通常是面對寶寶，含有關愛的情感，還可幫助人際互動的發展。

(2) 利用哼唱或唸童謠突顯關鍵詞或語音中的重要線索。因為音樂的元素和語言近似，是人類最早發展的智慧，也是較容易引起嬰幼兒注意的聲音型態。又因為嬰幼兒語音分類和辨別的能力比成人強，這些能力在一歲後會漸漸變弱，所以父母或主要照顧者要把握此能力發展的階段，為寶寶哼唱兒歌或唸童謠，並在哼唱和唸謠時，隨著節奏擺動寶寶的肢體，讓寶寶從聽覺和肢體感受到音樂或語言的段落變化。如果由不同的家人來哼唱，寶寶還可學習經由不同聲音及肢體互動的特質來認識家人。

(3) 運用語音、音樂、玩具、環境等多樣的聲音，讓寶寶從傾聽聲音的有無、大小、遠近、結構、組合及變化中發展聽覺技巧，同時也可以經驗到聲音的變化與空間和距離的關係。

(4) 模仿寶寶發聲或用媽媽語來回應寶寶的隨意發聲，讓寶寶學習到聲音是用來溝通的，且溝通是一種輪替的模式。最重要的是，父母對寶寶說話時，寶寶腦部的聽覺、情緒、社會互動及語言中樞會同時活動起來，達到有效的學習。

(5) 詞彙的學習從狀聲詞（擬聲詞）開始。如：「小狗汪、汪、汪」、「小鴨呱、呱、呱」的「汪、汪、汪」、「呱、呱、呱」就是常見的狀聲詞，它的聲音特質正是物件的聲音特徵，明顯的四聲調變化比詞彙「小狗」、「小鴨」更容易引起寶寶的注意和記憶，

甚至仿說，在有趣的親子互動中，很容易引導寶寶聆聽和發音。在此仍要提醒父母或主要照顧者，聽損寶寶的學習及發展歷程和聽力正常的寶寶一樣，不能為了加強聽覺，而抽離其他感覺經驗，這對嬰幼兒的聽覺技巧發展是不利的。有些父母或主要照顧者以為，只說詞彙而不說句子才能讓寶寶聽得清楚、詞彙可以快點發展出來，這也是不利寶寶的語言發展。父母或主要照顧者只要在家做好聽力學管理，親子互動中以寶寶有興趣或關注的事物為主，讓寶寶有時間及機會用自己的方式探索，家長或主要照顧者可在旁邊用適當的語言描述情境和說出感覺，寶寶便能自然而然將聲音與意義連結。另外，大人對嬰幼兒聲音、表情、肢體動作等的回應，最能鼓勵和激發嬰幼兒持續溝通互動，而豐富的生活經驗和實際參與的活動，則是嬰幼兒發展認知擴展語言的不二法門，如果能掌握這些原則，你便是寶寶最好的老師。

Q 249　**寶寶兩歲了，音都發不清楚，該怎麼辦？**

所有的寶寶在口語發展的歷程中，多會有口齒不清的階段，這是因為舌頭、牙齒、上顎、雙唇等構音器官的動作統合、氣流控制、移動速度、肌肉協調等控制能力還在持續成熟中。當控制力逐漸熟練時，孩子的口齒便自然而然越來越清晰，如果超過四歲仍發音不清楚，便要考慮是否需由語言治療師評估和矯正。

然而大多數聽損兒父母認為寶寶說話不清楚是因為聽的問題，因此會在尋求聽力師調整助聽輔具後，再藉助語言治療師進行構音矯正。做法上雖無不當，但重要的是：何時介入構音矯正才是恰當的？這仍要回到發展的本質和心理的特質上，如果寶寶的口語發展和構音器官都已成熟，而且具有挫折忍受度，一般而言如前述，大約在四歲以後，

正式的構音矯正便可介入。但仍要提醒，如口語能力落後，尚未發展出簡單句，即使已四歲了，仍不宜進行構音矯正。

**Q250　聽損兒童上幼兒園時要注意什麼？**

孩子上幼兒園前，主要的學習場所可能是家裡或機構，所以當孩子要轉換至新的學習場所時，會面臨學習形式的轉變，孩子需要時間來適應。所以父母在孩子進入幼兒園前，要先評估孩子的生活自理、溝通表達、人際互動、情緒行為、問題解決、聽覺輔具管理等能力。同時要了解學習場所的型態和能提供的資源、評估的流程及程序、聽覺環境（包含調頻系統的提供）、家長的權利與責任等資訊，才能幫孩子在最短的時間內適應和融合於新環境。基金會每年都有為即將入幼兒園或小學的聽損兒童辦理適合父母和孩子的轉銜課程，近年來各地政府也開始辦理類似的課程，家長可獲得許多資訊和協助。

# 附錄一：嬰幼兒聽覺行為檢核表

您可以利用下列的聽覺行為檢核表來觀察寶寶：
（一）三個月大時：
　　　1. 會被突發的大聲音嚇一跳。
　　　2. 因為大的吵鬧聲而無法入睡。
　　　3. 因為突發的聲音而停止吸奶。
　　　4. 寶寶的眼睛會注視講話者。
　　　5. 餵奶或換尿布後，有時會「咕咕」發聲。
（二）六個月大時：
　　　1. 可以轉頭至聲源的方向。
　　　2. 當媽媽對寶寶說話時，有時寶寶會停止哭泣。
　　　3. 在遊戲時會「咕咕」作聲、低聲輕笑或大笑。
　　　4. 對聽到的言語會以口語反應。
（三）九個月大時：
　　　1. 用口語聲以引起他人的注意。
　　　2. 似乎能從發聲中自得其樂。
　　　3. 開始對某些字（如：寶寶自己的名字、不可以、再見……）有反應。
　　　4. 對友善或生氣的聲音有不同的反應。
　　　5. 會直接轉頭面對新出現的聲音。
（四）十二個月大時：
　　　1. 會玩「躲貓貓」的遊戲。
　　　2. 有時會模仿別人的言語。
　　　3. 牙牙學語，發出許多子音，如：ㄍ、ㄅ、ㄉ。
　　　4. 有時會把一些單音連起來一起發音，如ㄆㄚ　ㄆㄚ、ㄅㄚ　ㄅㄚ。
（五）十八個月大時：
　　　1. 用簡單的字表達出要求，如：要、吃。
　　　2. 模仿新的字音。
　　　3. 會使用手勢或動作表達要（如：指著某物）和不要（如：搖頭）。
　　　4. 按照大人的要求，把東西給別人。
（六）二十四個月大時：
　　　1. 可結合單字成簡單的句子。
　　　2. 可以依照所言，指出身體各器官名稱。
　　　3. 可以依照所言，指出書上動物或物品名稱。
　　　4. 遊戲時會使用熟悉的物品，如：茶杯、湯匙、刷子等。

出處：財團法人中華民國婦聯聽障文教基金會。

# 附錄二：助聽器保養包使用說明書

這個助聽器保養包內附有：測聽耳塞、吹氣氣球、清潔刷、簡易型測電器、乾燥盒等，可協助您進行助聽器每日之保養步驟。本會整理了歷年來使用者的反應，改良部份檢測工具，並尋找更經濟的替代品，因此保養包內所含之檢測工具與市售同類型產品有些許之不同。使用前，請參照助聽器及耳模構造之圖解，以清楚瞭解以下使用說明。

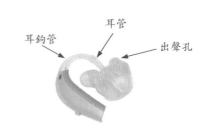

◎測聽耳塞

| | |
|---|---|
|  | 測聽耳塞可測聽助聽器聲響及音質。它由二部份組成：泡綿耳塞及塑膠管。 |
| 使用方法： | |
|  | 關掉電源，將助聽器取下，並將耳模拔下。 |
|  | 將塑膠管與助聽器上之耳鉤管相連結。 |
|  | 將泡綿耳塞捏扁。 |
|  | 耳塞放入耳內，依照檢核表測聽程序進行檢測。 |

◎吹氣氣球

| | |
|---|---|
|  | 吹氣氣球可清除耳模耳管內的水氣及耳垢屑。 |
| 使用方法： | |
|  | 準備耳模和吹氣氣球。 |
|  | 將吹氣氣球的尖嘴與耳模耳管連結。 |
|  | 壓擠氣球，使氣流迅速通過耳管並帶走水氣及耳垢屑。 |

◎乾燥盒

| | |
|---|---|
|  | 提供乾燥的空間以放置助聽器。除收納盒為密封不透氣效果外，並放置乾燥包以達最佳除濕效果。 |
| 使用說明： | |
|  | 將助聽器內的電池取出，電池蓋打開，放置於乾燥盒內，最後將蓋子關上以達到密封的效果。 |

◎清潔刷

| | |
|---|---|
|  | 清潔刷可用以刷除耳模上所沾黏的耳垢。 |
| 使用說明： | |
|  | 手持耳模，使出聲孔朝下，以清潔刷往下的方式刷除耳垢。 |

◎簡易型測電器

| | |
|---|---|
|  | 簡易型測電器可檢查助聽器所使用電池目前是否有電，並以亮燈方式顯示。需注意的是，電池電量若不足以驅動助聽器時，即使電池有電，助聽器仍有可能無法放大聲音，或放大後的聲音較電量充足時微弱，因此以耳朵測聽之步驟不可省略。 |
| 使用說明： | |
|  | 將電池放置於測電器上之凹槽處，亮燈即表示仍有電。 |

出處：財團法人中華民國婦聯聽障文教基金會。

# 附錄三：助聽輔具檢核表暨語音距離察覺圖

學童姓名：＿＿＿＿＿＿　助聽輔具：□助聽器　□人工電子耳　□調頻系統
助聽器設定：音量＿＿；電子耳設定：程式＿＿，音量＿＿，靈敏度＿＿，外接音源比＿＿
調頻系統設定：頻道＿＿＿

| 輔具檢核表 | | | | | | 語音距離察覺圖 | | | | | |
|---|---|---|---|---|---|---|---|---|---|---|---|
| 檢查項目　　　　　日期 | | | | | | 內容\距離 | ㄓ | ㄨ | ㄚ | ㄦ | ㄙ |
| 調頻發射器 | 電量不足或完全沒電 | | | | | | | | | | |
| | 頻道錯誤 | | | | | | | | | | |
| | 麥克風設定未在正確位置（例：聚焦設定、靜音） | | | | | | | | | | |
| | 天線異常 | | | | | 日期／備註： | | | | | |
| | 外觀破損（含 LCD 螢幕） | | | | | 內容\距離 | ㄓ | ㄨ | ㄚ | ㄦ | ㄙ |
| 助聽器＋調頻接收器 | 電量不足或完全沒電 | 左右 | 左右 | 左右 | 左右 | 左右 | | | | | |
| | 調頻訊號異常 | 左右 | 左右 | 左右 | 左右 | 左右 | | | | | |
| | 助聽器程式未在正確的位置 | 左右 | 左右 | 左右 | 左右 | 左右 | | | | | |
| | 助聽器外接音源點鏽蝕 | 左右 | 左右 | 左右 | 左右 | 左右 | | | | | |
| | 接收器插腳或接點鏽蝕 | 左右 | 左右 | 左右 | 左右 | 左右 | 日期／備註： | | | | | |
| | 調頻接收器開關未在正確位置 | 左右 | 左右 | 左右 | 左右 | 左右 | 內容\距離 | ㄓ | ㄨ | ㄚ | ㄦ | ㄙ |
| | 助聽器與音靴未正確連接 | 左右 | 左右 | 左右 | 左右 | 左右 | | | | | |
| | 音靴與接收器未正確連接 | 左右 | 左右 | 左右 | 左右 | 左右 | | | | | |
| | 音靴功能異常 | 左右 | 左右 | 左右 | 左右 | 左右 | | | | | |
| 電子耳＋調頻接收器 | 電量不足或完全沒電 | 左右 | 左右 | 左右 | 左右 | 左右 | | | | | |
| | 調頻系統介面沒電 | 左右 | 左右 | 左右 | 左右 | 左右 | | | | | |
| | 調頻訊號接收異常 | 左右 | 左右 | 左右 | 左右 | 左右 | | | | | |
| | 調頻訊號太小聲 | 左右 | 左右 | 左右 | 左右 | 左右 | 日期／備註： | | | | | |
| | 電子耳程式設定異常 | 左右 | 左右 | 左右 | 左右 | 左右 | 內容\距離 | ㄓ | ㄨ | ㄚ | ㄦ | ㄙ |
| | 電子耳音量或靈敏度設定異常 | 左右 | 左右 | 左右 | 左右 | 左右 | | | | | |
| | 接收器開關未在正確的位置 | 左右 | 左右 | 左右 | 左右 | 左右 | | | | | |
| | 語言處理器出現異常顯示 | 左右 | 左右 | 左右 | 左右 | 左右 | | | | | |
| | 電子耳專用介面／接線／電池匣／耳鉤功能異常 | 左右 | 左右 | 左右 | 左右 | 左右 | | | | | |
| | 語言處理器按鍵未鎖上 | 左右 | 左右 | 左右 | 左右 | 左右 | 日期／備註： | | | | | |
| | 遙控器功能／顯示異常 | 左右 | 左右 | 左右 | 左右 | 左右 | 內容\距離 | ㄓ | ㄨ | ㄚ | ㄦ | ㄙ |
| 音訊匯流器 | 音訊匯流器沒電 | 左右 | 左右 | 左右 | 左右 | 左右 | | | | | |
| | 音訊匯流器音量異常 | 左右 | 左右 | 左右 | 左右 | 左右 | | | | | |
| | 音訊匯流器與接收器未正確連接 | 左右 | 左右 | 左右 | 左右 | 左右 | | | | | |
| 檢測人員簽名 | | | | | | | 日期／備註： | | | | | |

# 附錄三：助聽輔具檢核表暨語音距離察覺圖（續）

學童姓名：＿＿＿＿＿＿＿　　助聽輔具：□助聽器　□人工電子耳
助聽器設定：音量＿＿＿；電子耳設定：程式＿＿＿，音量＿＿＿，靈敏度＿＿＿

| 輔具檢核表 | | | | | | | 語音距離察覺圖 |
|---|---|---|---|---|---|---|---|

| 檢查項目　＼　日期 | | | | | | | 內容距離　ㄋ　ㄨ　ㄚ　ㄦ　ㄙ |
|---|---|---|---|---|---|---|---|
| 上課時攜帶保養包／監聽耳機 | | 有無 | 有無 | 有無 | 有無 | 有無 | |
| 耳模 | 漏音 | 左右 | 左右 | 左右 | 左右 | 左右 | |
| | 耳模易脫落 | 左右 | 左右 | 左右 | 左右 | 左右 | |
| | 耳模破損 | 左右 | 左右 | 左右 | 左右 | 左右 | |
| | 耳模與耳管接點破損 | 左右 | 左右 | 左右 | 左右 | 左右 | 日期／備註： |
| | 耳模遺失 | 左右 | 左右 | 左右 | 左右 | 左右 | 內容距離　ㄋ　ㄨ　ㄚ　ㄦ　ㄙ |
| | 出聲孔被耳垢塞住 | 左右 | 左右 | 左右 | 左右 | 左右 | |
| | 耳垢粘附在耳模上 | 左右 | 左右 | 左右 | 左右 | 左右 | |
| | 耳管破損 | 左右 | 左右 | 左右 | 左右 | 左右 | |
| | 耳管內有水氣 | 左右 | 左右 | 左右 | 左右 | 左右 | |
| | 耳管變硬 | 左右 | 左右 | 左右 | 左右 | 左右 | |
| 助聽器 | 電量不足或完全沒電 | 左右 | 左右 | 左右 | 左右 | 左右 | 日期／備註： |
| | 電池座內潮溼或鏽蝕 | 左右 | 左右 | 左右 | 左右 | 左右 | 內容距離　ㄋ　ㄨ　ㄚ　ㄦ　ㄙ |
| | 音量或音質異常 | 左右 | 左右 | 左右 | 左右 | 左右 | |
| | 電池潮溼或鏽蝕 | 左右 | 左右 | 左右 | 左右 | 左右 | |
| | 外觀破損 | 左右 | 左右 | 左右 | 左右 | 左右 | |
| | 電池蓋不密合 | 左右 | 左右 | 左右 | 左右 | 左右 | |
| | 程式切換鍵未開在正確位置 | 左右 | 左右 | 左右 | 左右 | 左右 | |
| | 麥克風保護蓋脫落或髒污 | 左右 | 左右 | 左右 | 左右 | 左右 | 日期／備註： |
| | 耳鉤鬆脫 | 左右 | 左右 | 左右 | 左右 | 左右 | 內容距離　ㄋ　ㄨ　ㄚ　ㄦ　ㄙ |
| | 耳鉤內的阻尼受潮 | 左右 | 左右 | 左右 | 左右 | 左右 | |
| 電子耳 | 電量不足或完全沒電 | 左右 | 左右 | 左右 | 左右 | 左右 | |
| | 音量或音質異常 | 左右 | 左右 | 左右 | 左右 | 左右 | |
| | 語言處理器或遙控器出現異常顯示 | 左右 | 左右 | 左右 | 左右 | 左右 | |
| | 程式設定異常 | 左右 | 左右 | 左右 | 左右 | 左右 | 日期／備註： |
| | 音量設定異常 | 左右 | 左右 | 左右 | 左右 | 左右 | 內容距離　ㄋ　ㄨ　ㄚ　ㄦ　ㄙ |
| | 靈敏度設定異常 | 左右 | 左右 | 左右 | 左右 | 左右 | |
| | 頭件或傳輸線功能異常 | 左右 | 左右 | 左右 | 左右 | 左右 | |
| | 外觀破損或有鏽蝕 | 左右 | 左右 | 左右 | 左右 | 左右 | |
| | 頭皮紅腫或破皮 | 左右 | 左右 | 左右 | 左右 | 左右 | |
| 檢測人員簽名 | | | | | | | 日期／備註： |

出處：財團法人中華民國婦聯聽障文教基金會。

國家圖書館出版品預行編目（CIP）資料

聽見問題：聽覺損傷兒童父母常見的問題與解答／
邱文貞，張憶萍，管美玲作.--初版.
--新北市：心理，2016.12
面；　公分.--（溝通障礙系列；65030）
ISBN 978-986-191-746-7（平裝）

1.聽障教育　2.聽障學生　3.特殊兒童教育

529.67　　　　　　　　　　　　　　　105020800

溝通障礙系列 65030

# 聽見問題

## 聽覺損傷兒童父母常見的問題與解答

主　　　編：管美玲
作　　　者：邱文貞、張憶萍、管美玲
執 行 編 輯：高碧嶸
總 編 輯：林敬堯
發 行 人：洪有義
出 版 者：心理出版社股份有限公司
地　　　址：231 新北市新店區光明街 288 號 7 樓
電　　　話：(02) 29150566
傳　　　真：(02) 29152928
郵撥帳號：19293172　心理出版社股份有限公司
網　　　址：http://www.psy.com.tw
電子信箱：psychoco@ms15.hinet.net
駐美代表：Lisa Wu（lisawu99@optonline.net）
排 版 者：辰皓國際出版製作有限公司
印 刷 者：辰皓國際出版製作有限公司
初版一刷：2016 年 12 月
I S B N：978-986-191-746-7
定　　　價：新台幣 200 元